わたしからはじまるわたしたちを育む働き方

つながり、編み出す、協同労働の生きる力

古村伸宏
小野りりあん
斎藤幸平
伊藤亜紗
藤原辰史
広井良典

はじめに――古村伸宏

あなたは今、心地良く働いていますか。もし、そうでないなら、なぜでしょうか。お金のためと割り切りながらも納得していない、生活とのバランスが悪い、ノルマがつらい、自分の代わりはいくらでもいると感じる……。いろいろな声が上がりそうです。では、「こうあったらいいな」と思う、心地良い働き方とはいったいどんなものでしょうか。わたしは「人と地域に役立つ『よい仕事』」を目標に「自分が活きる働き方」「協力し合う働き方」を追い求めてきました。探求の過程で失敗や挫折を重ねましたが、心地良さに包まれるような実感もあったのです。そして、「働くこと」を「暮らし」や「生き方」と切り離さないことが大切だと気づかされました。それは、さまざまな分断に目を向ける必要性への気づきでした。

原点は子ども時代にあります。わたしは1964年に生まれました。東京オリンピックが開かれた年です。小学校に入学した年には大阪万博もありました。日本は高度経済成長の真っただ中。わたしの家の暮らしの中でもテレビがカラーになり、自動車がやってくるといった具合に、暮らしに便利な工業製品が増えていきました。今日よりも明日が、今年よりも来年が、確実に進歩発展している手ごたえがあり、「未来」は夢と希望に満ちていました。そのころの大人は、「未来」をたぐり寄せようと努力する、かっこいい存在に見えました。メジャーリーガー大谷翔平選手に憧れる、今の子どもたちの眼差しも同じように感じます。

社会全体が、未来への一本道をのぼっていく中、わたしの過ごした京都府・丹後での暮らしは、都会とは違って、ゆったりとした自然と時間に包まれていました。ここをフィールドにわたしは創造的で冒険的な遊びを満喫しました。子どもだけの自発的で自治的な冒険と体験の時間と空間。どこで、誰と、何をして遊ぶのか。その決定権が自分たち子どもにありました。ときには自由であるがゆえの手痛い失敗をしたり、いろいろな大人から怒られたりもしました。

中学校に上がり、部活の「先輩後輩関係」で無邪気な時代は終焉。それでも、最高学年になった野球部の活動では、自分たちで練習やポジションを企画し決定するなど、「自分たちが主役」が当たり前と感じてきました。やがて高校までどっぷり野球にのめり込み、甲子園を夢見ます。しかし、思い通りにならないことが徐々に増えていくのです。

大学進学では、得意な体育だけを頼りに合格を手にしました。18年間育った田舎の地を離れ、強烈なホームシックに襲われました。しかし、体育学部に入りながら部活をしない変わり者の大学生は、再び自発的で自治的な暮らしを取り戻します。入り浸っていた飲み屋仲間の野球チームに入り、夜通し飲みながら早朝の野球に情熱を傾ける、第二の人生高揚期ともいえる時期でした。子どものころとは違い、社会で働く人々との交わりが増え、それをかたわらで見ながらも、「働く＝就職」を意識的に遠ざけていたように思います。まだ自分というものに確信がなく、社会と自分の関係が見出せないジレンマの裏返しだったのかもしれません。

大学の就職部からは、学んだ学部と無縁の「呉服屋」への就職をあっせんされ激怒。しかしそれに代わる選択肢も見出せないまま卒業が迫り来たとき、救いの手を差し伸べてくれたのが、最も信頼し敬愛していた親戚筋にあたる労働者協同組合のリーダーでした。そこには自発も自治もなく、他者から「拾われた」「救われた」感覚でした。その後冷静にまわりを見渡すと、わたしたちの世代は「新人類」と呼ばれ、その象徴として、企業にとらわれない生き方・働き方を求める「フリーアルバイター（今日のフリーター）」という、社会への抵抗的な働き方が取り沙汰されていました。しかし、労働者協同組合という存在をまったく理解しないままの就職という無謀な選択でしたが、それを可能にしたのも、親戚筋への信頼でした。

こうして社会に出て「働く」ことに直面したとき、学びを終えて働くという人生のメインステージに立った思いがして、後戻りできない感覚と自分の人生への責任が押し寄せ、不安に襲われたことを覚えています。それでもなお、「何とかなるさ」と楽観しながら、そのときを楽しむように働いていていました。

「働く」ことに押し潰されず、おもしろさや夢と希望を感じられたのは、明確な理由がありました。それは「働き方」と、ひとつひとつの「仕事」は何のため、誰のためか、という問いを立て続けられたからです。それを可能とする「仕組み」と「仲間」と「文化」の中で働いてきたからです。

今まわりを見渡せば、「働く」ことをめぐるネガティブな実感やイメージが大きくなっていると感じます。その理由はさまざまだと思いますが、ネガティブなのは「わたし」「社会」「未来」にも広がり深まりつつあるように見えます。明らかにこれらはつながっており、ネガティブの連鎖のようです。

アメリカ・イギリス・中国・韓国・インドの若者たちに比べて、日本の17〜19歳は自分と社会を肯定的にとらえられない、先行きが見えず否定的。そんな調査結果が2024年4月に公表されました。「18歳意識調査『第62回—国や社会に対する意識（6カ国調査）—』報告書」（日本財団）です。逆に、6カ国に共通する希望も見出せます。「大人にとって重要な資質」として「多様性」「個性」が上位にあがり、「調和」も重視されていたのです。これは、強いリーダーシップを求め、これに従い、みんなで同じ道を歩むのとは真逆の価値意識です。ふと思うのは、あらゆるネガティブな意識の根底に、これまで社会を覆ってきた「同質」「画一」「効率」「拡大」といった価値観が横たわり、社会とわたしの間にひび割れた状況が生まれているのではないか、ということです。ただしここには、「社会をつくり・変える」主体者として自分が自覚できない、という問題も横たわっているようです。

ウクライナとロシア、パレスチナ・ガザ地区での悲惨な戦禍は、決して他人事とは思えません。わたしたちの日常に存在する対立や競争、搾取と支配の構造が、この悲惨な事態の土台になっているように思えます。またそのあおりを受け、地球全体の存続とすべての生き物の生存が危険な状況に追い込まれています。少し前には、コロナ・パンデミックという共通の「生きづらさ」も経験しました。

人間は大昔から、自然と折り合い、助け合って生きのびてきたはずです。今こそ、「こころ」と「ちから」を合わせる術を取り戻せないものか。地球に過度な負荷をかけず、利己に走らず、ともによろこびや楽しみを体感できる生き方や働き方ができないのでしょうか。

わたしがポジティブな「働く」人生を歩んできたのは、「労働者協同組合」「ワーカーズコープ」という組織と仕組みを志向してきたこと、「協同労働」という働き方を探求してきたことが深く関わっています。そしてこの仕組みと働き方が２０２０年12月に法制度化され、22年10月から施行されました。それが「労働者協同組合法」です。24年9月末現在、１００を超える労働者協同組合が全国各地で設立され、多様な人々が参加し多彩な事業活動をはじめています。

これからの「働き方」を考えるため、わたしは異なる分野の著名な方々との対話を切望し、本書の企画が実現しました。ほとんど知られていない「労働者協同組合」「ワーカーズコープ」という組織と、「協同労働」という働き方を、わたしたち当事者とは違った感性でとらえ、多様な視点や切り口から語っていただくことがねらいでした。労働者協同組合やワーカーズコープ、協同労働を「知る」のではなく、「感じてもらう」「思い浮かべてもらう」有効な手立てと考えたからです。

また、対話は結論ではなく可能性としての「労働者協同組合」や「協同労働」をめぐって展開されました。

今ある、そしてわたしたちの中に眠っている可能性や希望を、本書の対談を通してみなさんといっしょに考えていきたいと思います。

古村伸宏（ふるむら のぶひろ）
1964年生まれ。日本労働者協同組合連合会（ワーカーズコープ連合会）理事長。中京大学卒業後、日本労働者協同組合連合会の前身組織である当時の中高年雇用・福祉事業団全国協議会が直轄するワーカーズコープ・センター事業団に入職。船橋、盛岡、仙台、藤沢の事業所長、東北・神奈川の事業本部長、全国事務局長等を歴任し、2017年から現職。

目次

労働者協同組合とは

労働者協同組合（ワーカーズコープ）は「協同労働」という働き方を実践し、地域づくりを仕事として進めるための組織です。

「協同労働」とは

「働くこと」には、自分の能力を発揮しながら成長したり、誰かの役に立ったり、共同体に参加している安心感を得たり、お金を稼いだり……と、さまざまな目的や役割があります。

しかし資本主義社会では、とりわけお金を稼ぐことやコストパフォーマンスに焦点が当てられ、「働くこと」が本来持つ豊かさや多面性を感じにくくなりがちです。「生きるために

働く」のに、いつの間にか「働くために生きる」ように感じて、徒労感を覚えたことがある人もいるのではないでしょうか。

「協同労働」は、これまでの社会では十分に追求されてこなかった、働く人自身が「働くこと」の主権を握ることで、「働きがい」や「生きがい」を生み出していこうとする働き方です。どんな人でも、「働くこと」を通して、自分で自分の居場所を生み出し、自分に誇りを持てることを目指します。

そして、それをひとりではなく、まわりの人とフラットでフェアな人間関係を結びながら、行うことがこの働き方の特徴です。ひとりではできないことも、人とつながり、地域とつながることで、必要とされる仕事を生み出していけると考えます。

自分たち自身で仕事を生み出すことは、責任と同時

に、安心感と充実感を生み出します。自分たちの手で、暮らしを営んでいる実感は、生きる楽しさにも直結します。自分たちの暮らす場を、より良いものにしようという気持ちも生まれます。「協同労働」は「働くこと」を始点に、このような好循環を生み出すことを目指す営みです。

「協同組合」が生まれるまで

「協同組合」は、資本主義社会が成長し、利益や効率が重視される中で起こる歪みに苦しんだ労働者や消費者・個人事業者者たちが、自分たちの暮らしと仕事を守るために組織・法人化したことがはじまりです。

世界各地でさまざまな組織が生まれましたが、とくに19世紀にイギリスで生まれたロッチデール公正先駆者組合が有名です。

日本では、古くから庶民の助け合いや農村などにおける協同の文化が存在してきました。これに世界的な協同組合の流れを受け、さまざまな「協同組合」が生まれました。第二次世界大戦後に本格的な制度化が進み、農協・生協・漁協・森林組合などが個別に法制化されました。そんな中で、より多様な働き方や持続可能な地域づくりが求められるようになった今、「協同労働」という働き方が注目され、２０２０年12月には超党派による議員立法として「労働者協同組合法」が制定され、22年10月1日に施行されました。

日本で「協同労働」的な働き方をしている人は約10万人ともいわれ、労働者協同組合法人は１００を超えて設立され、こうした人々による事業規模は約１０００億円と推計されています。

基本原理

労働者協同組合法では、「協同労働」を実践するために、3つの基本原理を定めています。

①資金を出し合う(出資)

株式会社では出資額が大きいほど、権限も大きくなりますが、「協同労働」では、出資額に関わらず、みな平等にひとり一票の議決権と選挙権を持ちます。

②話し合って営む(意見反映)

「協同労働」の要であり、いちばん難しい部分とも言われます。組合員は、一人ひとりがみな平等な立場で話し合いをし、合意形成をはかりながら事業を進めていかなくてはなりません。具体的にどう意見反映するのか、法人の定款に明記する必要があります。

③ともに働く（事業従事）

「協同労働」は、一人ひとりの個性や得意を活かし、役割分担しながらみんなで仕事をします。お金だけ出す、意見だけ言うという参加はありません。ただし、育児や介護などで一時的に働くことができない場合などの例外は認められています。

対談1

自分たちで決めて、自分たちのために働く

小野りりあん
Lillian Ono

古村伸宏
Nobuhiro Furumura

今の若い人たちにとって、働くってどういう意味を
持っているのでしょうか。
終身雇用の慣行は薄らいでいます。
若い人たちは働くことにポジティブなイメージを
持っていないのではないか。
しかも、働くことと自分の価値を磨き、
自分を表現することがつながらないのではないか。
働くことへの期待感が薄らいでいる中で、
ワーカーズコープは新しい価値観や選択肢として、
若い人たちに共感されるのか。
そんな問題意識から、
デンマークで学び直していた小野りりあんさんに
お話をうかがいたいと思いました。

小野りりあん（おの りりあん）

1989年生まれ。気候アクティビスト、モデル。2019年スペイン・マドリードで開催されたCOP25（気候変動に関する最大の国際会議）へ飛行機に乗らずに向かい、その後も飛行機を使わない世界一周に挑戦。気候変動に関する情報発信や、コミュニティの運営などを行っている。

ワーカーズコープがわからない

小野　わたしは、ワーカーズコープに関心はあるんですが、まだ、何もわかっていないんです。だから、まず聞かせてほしいのですが、普通に生活できるレベルで稼げるんでしょうか。

地域課題を解決することに関心がある人たちには響いてほしいけど、それだけでなく、ぜいたくな暮らしができる仕事をしたい若者も多いのかなと思います。こういう人たちの選択肢になり得るのかなと思いました。

古村　ワーカーズコープにとって、生きていくためにちゃんと稼ぐというか、一定の収入があるのかっていうのは、大きな課題なんです。

これまで、労働者協同組合法ができる前から、長い間事業をやってきました。安定した収入を確保するために市場経済の中で勝負するというよりは、公共性の高い自治体からの委託事業を受けるとか、介護保険という制度に乗って介護の仕事をやるとか。そんな仕事で一定の収入の見通しを立て、決して高い給料じゃないけれども、必要最低限といいますか、少なくとも収支をクリアすることはやってきました。

労働者協同組合法が施行されてから、参加される人を見ていると、本業を持ちながら、ワーカーズコープに取り組む方が多いですね。予想外のことでしたが……。

小野　副業ってことですね？

古村　そうです。本当にやりたいことでも、すぐには事業としては成り立ちづらいので、時間をかけなきゃいけない。だから最初は、あんまり稼ぎにならないというのも見据えて、収入は別で確保しつつ……、といった意識の人が多いようです。

ちょっと変わった事例で言うと、兵庫県の豊岡市で、地域おこし協力隊の現役メンバーとＯＢが３人集まって、ワーカーズコープ（※１）をつくりました。協力隊の仕事は月17万～18万円の給料がベースにありますけれども、竹林の整備とか、メンバー３人でやった方が効率的でパワーが増す仕事をワーカーズコープの方でやっています。ちょっとずつ、そういうことからはじまっていくパターンと、わたしたちがやってきた、制度事業や収入の見通しが立つという前提からはじまる、福祉の仕事などのパターンがあります。

その中間ぐらいのあり方の例として、神奈川県藤沢市にある「エコストア　パパラギ」（※２）というプラスチックフリーのお店があります。プロダイバーで、環境活動家の武本匡弘さんが立ち上げました。この店は、気候環境にこだわったお店だから、働き方や法人のあり方もそれにふさわしくしようということで、労働者協同組合法人に変わりました。

支えになる制度を活用するわけではないけど、副業ではなく本業でやる覚悟です。市場の中に打って出るんですが、単なる客商売ではなくて、法人化するにあたって、定款や設立趣意書づくりにも、思いを持ってお店に買いに来る人たちも関わる。働く人と利用する人みんなで話し合って進めています。ワーカーズコープは、働く人しか組合員にはなれないんですけど、ここでは、お店で働かないけれども、お店を利用して応援する人たちも、設立までの話し合いに参加しました。新しい取り組みです。

お金がめぐる 地域が回る

小野　なるほど。ワーカーズコープって、地域に根づいて課題を解決するって印象が強いんですけど、メンバーは同じ地域に住んでいる人たちじゃなくてもいいんですか？　たとえばネット上の事業でも使えるのかな。また地域でお金を回すのに、何でワーカーズコープがいいのかっていうのも気になっています。

古村　地域でお金を回す例としてわかりやすいのは、沖縄・宮古島にできたワーカーズコープの取り組みです。

宮古島の狩俣地区では、自治会役員が中心となって「労働者協同組合かりまた共働組合」という組織が設立されました。その中心に食の事業があります。たとえば、お弁当をつくるとなると、調理は地元でしているけれども、食材は沖縄本島や外から仕入れている。売上は宮古島に上がっても、材料費は結構よそへ飛んでいっちゃうことになる。そこで、地元の野菜や漁であがった市場に回らない魚を使ってお弁当をつくる。全部ではないけど、こうした使い方が続くことで、休耕地の活用がはじまったり、生ごみなどからたい肥づくりをはじめたりしています。

もうちょっと自分たちの身のまわりのものを、暮らしの中で循環させるっていうことに切り替えると、お金が外に持っていかれない。こういう仕組みを、身近なところから、ちょっとずつやっていくと、働く場をつくったり、仕事をつくることになったりしていく。そういうふうに考えている人は、間違いなく増えています。

要は、自分たちのまわりでお金が回るように心がけていくと、その中で仕事が生まれて働く人が必要になり、地域の活力が生まれてくるっていうことですね。外に打って出るだけではなくて、地域の資源を徹底して活かすことは、中でお金が回るという構造が生まれるので、地域の当事者性や自治が高まることにもつながっていくと思います。これが協同労働という考え方とも相性がいいと思います。

小野　そうですね。そういうことを進める中で、ワーカーズコープで事業をやっていくってなったら、みんなで出資して、みんなで考えて、みんなで働くじゃないですか。そうなったときに、決定していくプロセスが、すごく気になります。みんなどうやってうまく回しているんだろうって。各事業によって違うんでしょうけど……。

古村　わたしも、そこが大事だと思っています。40年近くワーカーズコープで働いてきましたけど、決定のプロセスをどうつくっていくのかは、いちばんの核心点です。プロセスがつくれるようになったという感覚は、まだまだ持てていませんが。普通の働くっていう感覚って、やっぱり上司から指示されて、その通りにやって、ちょっと違和感や意見を言いたいことがあっても、権限を持っていないので、最後は指示されたようにやらなきゃいけないっていう話になります。

ワーカーズコープは、ある意味すごく非効率で、時間がかかるんです。決まらなければなかなか進めない。でも、ずっとこだわってきたのは、どっかで決めなきゃいけないけれども、なるべくみんなが納得した結論でいくということ。この納得感があるかないかで、その後の仕事に対する熱意は変わってきます。結論は出すんだけれども、可能な限り、なるべくみんなが思っていることを出し合うことで、折り合いをつけていくというか、納得感を少しでも高めて実践していくっていうこと。苦労は多いと思いますけれども、やらされ感をなくし、当事者性を大事にしていくところにこだわりがある。

人を認める許容量を増やすには

小野　仕事をするって、上司とか職場の人たちとの人間関係にすごく左右されるじゃないですか。でも、普通の会社だと、お金をもらっている側だから、結局、嫌でも文句を言わずに、とりあえず生活のためにやろうってなると思う。だけど、ワーカーズコープの場合は自分もお金を出している。この人とやるのは本当にやだなってなっちゃったら、やめることにもなるでしょう？

事業が結局人間関係で成り立っているのかなと思うんですが、それでちゃんと回っているっていていうのは、すごいですよね。

古村　いや、回ったり回らなかったりですよ。だから、やっぱり合わなくてメンバーが変わることだって当然あるし……。それは人間が集まれば、家族関係だって、お父さんとお母さんと子どもやおじいちゃん、おばあちゃんの中で、どの人間関係がいちばん相性が良い、悪いって必ずあるでしょ。これはしょうがない話で、もう別々にやろうという選択肢もあるんだけれども、だけど自分にはない良い面があって、貴重な人と認めなければ仕事が成り立たない。いっしょにやりたくないけど、いなきゃ困ることもある。

よっぽど相性が悪ければ、仕事を増やしていって、職場も増やす。ひとつだけだった仕事場が、ふたつ、3つというふうに増えて、どうしても合わない人はなるべく職場を分けるみたいなことだって、やり方としてはあるんです。ただただ辛抱しなければいけないってこともない。

地域というものも、そこに住んでいる人みんなが本当に仲が良いかっていうと、いろいろある。でも、結局地域でいっしょに住んでいるから、最低限共通の利益みたいなことを見出すことが可能だったら、仲良くなくても、そこにいていい存在っていう、ボーダーラインはありますね。

小野　**コミュニティの人間関係の改善にチャレンジしていく**っていう意

味でも、このワーカーズコープっていうやり方はいいのかなぁ。人として成長していかないと、やっていけなさそうだなって思う。ある意味すごい。本当に民主主義を体現する働き方ですよね。

古村　日本の民主主義っていうのは、政治もそうですけど、誰かが決めたことに従って、「お任せ的な感覚」だったりしますよね。別に政治に限った話ではなくて、経済活動もふくめて、多くの人たちが自分も参加して、どうあったらいいかということに影響を与えたり、決定に参加したりするっていう場面が、あまりにも少なすぎる。

それは、選挙の投票率にも影響しているんだろうし、どうせわたしが投票に行ってもみたいなあきらめ感もある中で、身近なところから、まずは参加するっていうこと。心に思っていることを言うし、自分が言う以上に、相手が思っていることも、ひとまず聞いてみる。こういう反復活動の中で、第一印象では嫌いだったのに、すごく好きになった人って現にいるし、話し込んでいくと、その人が、人生でこういう経験をしてきたから、そういう結論やそういう意見を持っているってわかってくる。わたしの経験でもこういう変化がありました。

そういうことに触れられるかどうかで、人を認める許容量が結構違ってくると思いますね。

小野　議論になったときって、それがすごく大事ですよね。何でその人はその考えに至ったか、その人の経験を知るだけで、そっかぁって納得することがある。この人は、この経験を通してこの考え方に行き着いて、それで生きてきたんだっていう、尊敬や尊重に変わっていくから大事ですよね。今いるデンマークの学校でも、そういう授業をやっていました。

古村　フォルケホイスコーレ（※3）ですよね。わたしもすごく関心があります。

北海道の東川町でも、フォルケホイスコーレをやろうとしている、School for Life Compath（※4）っていう団体があります。ワーカーズコープがやろうとしている対話とか民主主義の考え方は、フォルケホイスコーレの哲学的な学びに、かなり重なる考え方があります。

漢方薬みたいに効いていく

小野　わたしが通うデンマークのフォルケホイスコーレInternational People's Collegeでは、民主主義について、授業で議論をします。必ずしも民主主義が平和になるわけでもないのかな、なんて思いながら。

ちょっと話が飛ぶんですが、ワーカーズコープについての連載がある『コトノネ』の記事（※5）で、すごく印象に残った言葉がありました。「わたしたちは、日本が滅んでも、生きていける」という言葉です。これを見て、すごく強いなと思ったんですよ。

気候変動とか、いろんなものが重なって、今この資本主義がどんどん激化しつつ壊れていっているときに、**お互いを助け合ったりする働き方をしていたら、まわりがどうであっても、自分たちを守っていける**なって、強く思っていて……。だから、こういう働き方は、生活の知恵、生存の知恵になるんだと思う。

ワーカーズコープはやっぱり難しそうとも思っているけれど、やってみたいなって思うんですよ。何をどうやったらいいのかわからないけど。若い子たち、わたしもふくめてだけど、興味のある人たちがもっと実践できるようにするには、どうしたらいいんだろうって考えていました。

古村　この仕組みは即効性があるものではなくて、すごく時間のかかる漢方薬みたいなもんだなと常々思っています。

先ほどの「日本が滅んでも、生きていける」って言ったのは、「創造集団440Hz」（※6）という、不登校経験者でフリースクールを経験したメンバーがつくったワーカーズコープです。生きづらさやしんどさ、疎外感を感じ経験してきたからこそ、ワーカーズコープの仕組みや考え方に賛同して参加する人たちがたくさんいます。直ちに理想にたどり着けないまでも、そこに望みを託して一員になってきた人ってわりあい多い。

ただ、若い人たち全体から見ると、マイノリティだと思うんですよね。でも最近、不登校を肯定的に語る人が増えてきて、これも10年経つともっと様変わりするような兆しです。とにかく、もうお任せとかあきらめちゃっているのを、何とかひっくり返していきたい。

わたしがこんなことを言うと怒られちゃうんだけど、労働者協同組合法ができたからって、直ちに世の中が変わるはずはない、と思っているんですよね。でも、20年や30年、ひょっとしたら50年ぐらいかけて、この仕組みが徐々に浸透していったときに、社会が大きく変わる可能性はあるんじゃないかと思う。

それは小学生や中学生ぐらいの子どもたちが、学校の中だけじゃなくて、暮らしの中や地域の中で、新しいことを体得していく楽しさや達成感、自己実現とか自分を表現しているおもしろさ、誰かの役に立っているという充実感など、広い意味での働く・働きというか、遊びにかなり近いのかもしれないけども、働く経験と実感を自分たちの手に取り戻していく。親が決めた塾や習い事に行って、四六時中言われたことをこなしていくような子ども期の体験じゃなくて、自分の想像力に任せて、失敗もふくめてたくさん友だちといっしょに経験するっていうベースがないと、協同労働は広く社会で一般化するのは難しい気がするんです。だから、ワーカーズコープが子どもに関わる仕事をやる意味は大きいですよ。

小野　わたしもさっき説明を聞きながら思っていました。小学校や中学校でシミュレーションみたいな授業があったらいいのになって。たとえば、みんなでお誕生日会やご飯会なんかの催しを、どうやって盛り上げるか、みんなで話し合ってつくっていくようなイメージです。みんなでごはんを持ち寄りにしたり、その担当を決めたり、カードをつくったり……。そういうことを定期的にやっていけば、もしかしたらそれは事業化していくものがあるかもしれない。ワーカーズコープをシミュレーションで体験できるものがあると、若い人もやっていきやすいのかな、なんて考えていました。

具体的にどういうステップを踏んで、ワーカーズコープの事業ってつくっていったらいいのか、ハウツーみたいな説明のものはありますか。協同総研がまとめたガイドブック（※7）、あれは結構わかりやすく説明されていると思うんですけど。

古村　日本ではわたしたちの経験があって労働者協同組合法ができたし、経験を伝えていくために、ガイドブックをつくったんですけど、こういうものを見ながら、あるいはまったく見ない人がいても、現に60団体以上のワーカーズコープができていて（※8）、それぞれのワーカーズコープの物語がはじまっている。それがどんなストーリーで、どんな成功や失敗を繰り広げるのか、事例を集めるだけでもすごく価値があると思う。

大人も子どもも、ひとり一票

古村　さっき言われていた、子どもの時期のシミュレーションっていうことに関して、ふたつ思いました。ひとつは既存の学校の枠組みでも、先生の意思でやろうと思えばやれないわけではないなと思う部分がある。それと、学校そのものがこの社会の画一的な世界を編み出してきたという気もしているので、学校そのものをワーカーズコープ的に運営しようということ。思いを同じくする動きは、出てきています。最近では映画『夢みる小学校』（※9）なんかでも表現されている。

映画で取り上げている「きのくに子どもの村小学校・中学校」は、学校として認可されていますが、授業の仕方はいわゆる普通の学校とは全然違う。国語、算数、理科、社会っていう授業じゃなくて、すべてプロジェクトという形で、それが学習指導要領にちゃんとつながっている。ちゃんと義務教育の卒業認定を受けられる。学校の中でのいろいろな決めごとを、大人も子どもたちも、ひとり一票で決めたりしながらやっている。こういう動きはまだまだ小さいけど少しずつ広がっている。

やっぱり学校の先生と児童や生徒との関係は、評価する側とされる側じゃないですか。でもたとえば、普通の公立学校でも、通知表を出さないことは、校長の裁量でやれるので、少しずつ増えている。そうすると、何をもって評価するのかっていうのが、進学に向かって数値化された評価ではなくなる。自分というものの理解や存在の可能性とか、他者との関係によって自分が変化するとか、そんな体感が素地となった学校が大切にされて、そんなあり方が地域の中に広がっていく。そうなったら、おもしろいなと思うんですけどね。

小野　そんな動きもふくめて、ワーカーズコープを実践したい人たちを増やしていく事業を想像したんですけど、それってワーカーズコープ連合会がするんですか。

古村　連合会としては、ワーカーズコープを広げる役割もあるし、ワーカーズコープをやっている人たちが、どうやったら協同労働がうまくいくのか、いかなかったのはなぜか、という横の情報交流を図るコミュニティとして機能する働きもある。フリースクールをワーカーズコープでやりたいっていう人たちの動きは、いくつか出てきているので、その交流にも取り組んでいます。

小野　気候変動のことを考えると、いろいろ速度を上げていかなきゃいけないなっていうのはいつも感じている。一歩ずつ確実にっていうのが難しいし焦る……。

古村　『コトノネ』の連載で記事になった兵庫県の但馬地域にあるワーカーズコープ（※10）は、若者支援から環境の仕事を志向して、林業をはじめて、「森のようちえん」（※11）づくりに事業を広げはじめている。学校に行く前の、ちっちゃい子たちの自然体験です。

「森のようちえん」がオランダなど、あちこちではじまった源流というのは、まさに民主主義の原体験を、自然との関係をベースにつくりましょうっていうことらしい。但馬では親も交ざっているので、子育て中の親たちが世の中から強いられている子育てに対する価値意識を、ひとつひとつ体験の中で壊していくというか、分解していく場になってきている気はすごくします。

小野　たしかに、わたしもデンマークで「森のようちえん」を見てきましたけど、本当に全部いろいろ森の中に手づくりであって。行ったときはあいにく休みの日で、子どもたちがいなくて、空っぽの幼稚園だったんだけど……。

そもそも何で「森のようちえん」っていう名前にしたのかというと、編み出した人の名前をつけちゃうと、その人のスタイルに忠実な教育システムでないと……となってしまう傾向を感じてます。たとえばシュタイナー教育（※12）ってなると、国や文化、時代が変化しても、やっぱりその人が考えたものをずっと伝統的に守っていくことになっちゃう傾向がありますよね。すると、柔軟性が、時代とともに、地域ごとに薄れてしまう。それで、あえて大まかに「森のようちえん」って名前をつけることになったと聞きました。だから、わたしが見た「森のようちえん」も、きっと本当に一例でしかないんだろうなと思っています。

対話には練習がいる

小野　その中で、ひとつとても気になった、印象に残っていることがあります。木の柱の上にふたつ、木の板にメッセージが書いてある棒がぶら下がっていて、その前に車座で座れるようになっていた。何て書いてあるのかなと思ったら、ふたつの質問だったんです。「あなたはこういうとき（シチュエーション）にどう考えますか」っていう質問と、「何でそう考えるんですか」っていう質問。

ここは何をするところかというと、集団で遊んでいると、意見が合わなかったり、ケンカが起きるじゃないですか。そんなときにそこに来て、この状況に対して、わたしはこう思うって話し合う。**ひたすら話し合って解決するための場所**なんですよ。

たしか3歳からかな、「森のようちえん」に行けるのは。結構早いときから、いわゆる対話ですよね。ワーカーズコープでも絶対必要であろう対話で、お互いを理解していかなきゃいけないプロセスを、森の中で、遊びを通してできるんだなっていうのが、わたし的にはいちばん響きました。

古村　なるほど。それはさっき言っていた、嫌いな人がいて、もめちゃいそうな話とほとんど同じですよね。

小野　そうですね。人間関係でぶつかるときがある。それをどう解決するか。みんなが協力し合おうとなったら、向き合える方法を身につけないとつながることってできないじゃないですか。だからすごく重要だなと思っています。

古村　すごく好きで、ずっとイメージをふくらませている言葉があって、劇作家の平田オリザさん（※13）から聞いた言葉です。「みんな違ってみんないい、ってフレーズがありますけど、そんなことありませんって話で。みんな違ってさあ大変！なんです」と。

さあ大変だ、どうするんだっていう、そこから対話がはじまるんだっていうことです。話し合いって、ひとつの案にみんなが一致するというイメージを持ちがちなんだけれども、みんな違うから、話し合いの中で提案されたA案でも、対立するB案でもない、新しいC案を編み出す。これが折り合いというもので、異なる意見を持った人たちの中から、新しい案を生み出すことができるから、違いを前提にいっしょにいられる。これが多様性と対話というものの質というか、それがすごく大事なんだという話を聞いて、すごく納得しました。これを具体化する際の演劇の話が続いて出てくるんですけど……。

みんな違うから大変という状況から、大変だからやめようというのか、それともその大変さや、違いがおもしろいと感じたり、その違いに気づいて、**違う人同士がそこにいっしょにいられる状態が豊かな関係だと感じられるかどうかが、やっぱり勝負**だろうと思うんです。それがさっき言っていた、誰もが同じような人間になっていくような教育とか、同じような価値観にまとめられていくのではないあり方の試みとして、広がっている。

教育のあり方は、どんな社会のあり方を目指すのか、ということなんですよね。「森のようちえん」は日本発ではないんですけれども、これを日本に持ってきてやろうとする人たちはどんどん増えていて、日本になじませていくための、独自の工夫はきっと出てくるだろうと思います。たとえば但馬の事例は、東日本大震災で原発の事故があって、これからのエネルギーのことを仕事にするための職業訓練が出発点だったんです。

そこで勉強したメンバーが、小水力発電やバイオマス発電、植物由来の油を使うバイオディーゼル燃料など3つの再生可能エネルギーを学んだ。どれも大事だけれども、いちばんやりたいと思ったのがバイオマス。とくに森林の整備をしながら、自然環境を守っていく。産業的に切り分けると林業という言葉になっちゃうんだけど、そうじゃなくて、日本には里山という、世界にはない文化がある。その里山をちゃんと守っていくというのが、エネルギーの問題ではあるけれども、生存の条件をちゃんと整えていくという方向性に広がっていく。

そういう流れの中で「森のようちえん」がはじまっているので、単なる自然体験じゃない。人間以外の命というものが地球上に存在している価値を、勉強して学ぶんじゃなくて、子どものころに体感的に触れる経験から感じていく。フィールドとなっている豊岡市は、コウノトリの野生復帰の経験から、「子どもの野生復帰」と称して、こうした自然体験を事業化しています。

小野　うらやましいですね。わたしが行ったデンマークの「森のようちえん」では、もう子どもたちは楽しすぎて、週末は「何で行けないの」っていつも悲しがるらしいんですよ。みんな、毎日遊びに行きたいっていうぐらい、森の中でずっと遊べる状況が本当に幸せなんだなっていうのが伝わってきました。

あと、3歳だけ昼寝の時間があるんですね。昼寝も外に小屋をつくって、風を感じながら寝られる。ちっちゃいころから、五感にいっぱい刺激を与えて生活できることが、いかに豊かなのかと思うし、創造性とか、人として成長する脳の刺激にもなっているなと思いました。日本でもそんな場所が増えてほしいですね。

デンマークに行った理由

古村　今回フォルケホイスコーレに行かれたのは、どんな動機だったんですか。

小野　シンプルに、やりたいことがわからなくなったんです。10年前にも、実は同じ学校に来ていて、そのときに**自然環境のことをもっと考えていきたいし、実践できる友だちが欲しいんだなって気づきました。**その結果、気候変動の活動に行き着いたんです。でもその中で、どうやって、どの立場から、気候変動や社会問題に取り組んでいきたいのか、自分に問いかけたときに見えてこなくなったから、もう一回世界中の人たちと生活しながら、勉強して過ごしたら、答えが見えるかなと思っています。

古村　デンマークに行く前までは仕事とか働くことについて、どんな思いだったんですか。

小野　わたし、本当に働くことが全然わからないんです。15歳のころから、ファッションモデルの仕事をしてきて、お金を稼ぐこととか何も考えていないときから、口座にお金が入ってくるようになったんです。もともとはダンサーになりたかったんですけど、その前にモデルで成功しちゃったなって感じで。本当にやりたいことじゃないかもと思って、一回モデルの仕事をやめたんです。世界に興味があったから、あちこち行ったりしながら考えている過程で、デンマークの学校に来たんですね。そこで環境のことをやりたいと思って、ボランティア活動で自然を守っていくことに貢献できるように、モデルの仕事にまた戻ったんですけど、仕事の量は減らして、活動の主眼は、環境気候変動のボランティアでした。

でも、気候変動がさらにやばくなってきて、2018年からは、モデルの仕事ももっと減らして、気候変動について発信や実践している人たちを訪ねに行ったり、自分自身がそういうキャンペーンを企画したりしてきました。ひたすら思いつくことをやっていたら、2、3年で見えてくるだろうなと思ったんだけど、見えてこなかったから、またフォルケホイスコーレに来たって感じです。

古村　今の話の最低限のモデルの仕事というのは、つまり稼ぐってことですよね。

小野　そうですね、生活できるレベルって感じです。今までは、来る分だけ仕事を全部受けてやるって感じだったんですけど、少し選ぶようになったということですね。

古村　最初の質問も、これで食べていけるんですかっていう質問だったですけど、お金がないと生きていけないっていう現実はたしかにあって。そのお金を手に入れるために働くというのが、いわゆる普通の働くっていうことだと思うんですけど……。

家事も仕事のはずなのに、家の中で料理をつくったり、皿を洗ったりするのは、アンペイドワーク（※14）とか言われる。やっぱり働くと、その見返りでお金がもらえるっていう世界がすべてになってきている。

でも、歴史的に見るとそれだけじゃなくて、多くの人が農業をやっていた時代は、水路をみんなで整備したり、道の草刈りをするというのは、その仕事が収入になるわけじゃないですよね。

自分もふくめたみんなのために仕事をやるっていうのは、別にお金を介さない行為も多分にふくまれていたのに、だんだんそれがお金を行き来させないと成り立たないようになっていることに、いろいろ問題を引き起こしている原因のひとつがあるんじゃないかっていう感じもしているんです。

「わたしたち」の利益を追いかける

古村　なので、さっきのお金が地域から漏れ出さないって話は、お金を地域の外に吸い取られないって話もあるんですけど、お金が介在しなくても、何とか生きていける地域があったんだと思うんです。もらいものがあればお裾分けしたり、お互いつくっている作物が違えば交換し合ったり。困ったときはお互いさまで分け合ったりして生きていくことが成り立っていた。そのための人間関係やコミュニティの必要性が、もう一回問い直されている。

お金はあくまでも交換の手段で、価値づけるための道具でしかないから。そういう支え合いの経済は、ワーカーズコープという仕組みと親和性を持っていると思うんです。

だから、指示する人が払う人、従う人がお金をもらう人ではなくて、みんなで話し合って、みんなでこの仕事をやりましょうというのが出てくる。ただ労働者協同組合法は、労働者という名前がついているので、疑似的であれ法律上の雇用関係があって、労働者の最低賃金を絶対守らなきゃいけない。そこは一足飛びに変わらないんですけれども、根っこに持っている考え方はフラットな関係です。

結局は経済のあり方が本当にどうあったらいいのかという、まさにお金だけじゃない関係のあり方を考えていくことだし、**経済は大きいほどいいって話じゃない**ということです。これは気候変動に関係する話だろうと思うし、平和にも関係している。戦争なんて結局、何でやるのかを突き詰めていくと、国家単位の利益や私的利益。それはお金や資産ですし、ここには収奪される側が存在してきたから、全部つながっている。大きな意味では、そういう「わたし」の利益じゃなくて、「わたしたち」や「みんな」の利益を目指して生きていくとか、みんなの利益を優先する社会をつくるってことだと思うんです。

こういう目標というか価値観が、小さな職場づくりからだけど、ワーカーズコープのあり方が持っている、大きな可能性じゃないかっていう気はしているんですよね。でも、モデルの仕事っておもしろいでしょう。

小野　モデルの仕事は、誰とやるかですね。やっぱり人次第です。気が合う人といっしょにやると楽しいですし、悪い人はいないから、現場は基本的に楽しいものではあるんですけど、本当に楽しいかって言ったら、そうでもなかったりするかな。

古村　働くってことがよくわからないって話だったんですけど、今はどんな感じですか。

小野　正直マネージャーが全部ブッキングして、お金の計算はしているんです。毎年確定申告は自分でやらなきゃいけないんですけど、わたしがマネージャーを雇っているっていう形にはなっています。だから、現場に行ってその場にあるニーズに応えていく。今まではずっと基本的にギャラも聞かなかったです。今日この現場は、いくらお金をもらえるとか、まったく知らないで現場に行って、3カ月前の分の給料がマネージメント代を引かれて入ってくる。あのときの仕事でこんなにお金が入ってきたんだ！　へー！みたいな感じです。

そういう感覚で生きてきちゃったので、かなり世間知らずだし、お金の感覚や働くことの大変さとか全然わかってなくって。自分が恥ずかしく、申し訳なくて世の中の人に頭が上がらない気持ちになることもありました。

そういえば、このフォルケホイスコーレに来る前に、1カ月間コンビニで働いたんです、最低賃金で。最低賃金なのに、めちゃくちゃいっぱいタスクがあって大変だっていうふうに聞いていた現場を体感したかったし、そういう仕事をしている人たちともつながりたかった。どういった理由でそういう仕事をしているのか、知りたかった。あと、地元のコンビニで働いたので、その地域に住んでいる人たちの顔を知れるなと思ってやりました。
　コンビニで働いて、どれだけ大変かは一応体感しました。仕事としてはおもしろかったです。結構好きだったけど、常に学びと成長できる場じゃないとわたしは飽きちゃうタイプだから、あと2カ月ぐらい働いたら、ルーティンとして全部なじんじゃって、学びがなくなり、ちょっとつまらなくなってくるんだろうなって推測しました。

古村　わたしのやった仕事が、いつもいくらかって考えるより、ある意味幸せのような気もしますが……。

小野　そうですね。わたしは、人生何を体験できるかだと思っているので、そんな感じで選んでいますね。

古村　モデルの仕事は、ずっと続けるんですか。

小野　どうなんでしょう。でも、ほかにたとえば気候変動とか市民運動をつくっていくことで働いていけるんだったら、モデルの仕事は、やらないかなって思っています。

古村　環境アクティビスト的なモデルの仕事ってないんですかね。

小野　たとえばファッション業界は、環境汚染がひどい産業なんですけど、その中でもできるだけ環境負荷をかけないようにとか、できるだけ労働に対して公正なお金を支払う形で事業を回していこうとしているブランドさんはある。でも、それを完璧にやるなんて資本主義社会であるかぎり不可能なんですよね、ファッション業界は。だから、完璧で理想的な仕事を探そうとするとないですね。変えたいと思っている人たちとは働けるけど。

古村　でも、いきなり理想的な環境とモデルが両立するっていう仕事にたどり着けなくても、モデルとしてのメッセージ性はあるんだろうと思いますが……。

小野　みなさんにそう言われるんですけど、わたしの中ではしっくりこなくて。わたしは年齢も重ねてきているので、モデルの仕事の種類はすごく限られてくる。大抵のモデルさんは、若いうちだけモデルをやって、あとは違う仕事をしているんです。

「稼ぎ」だけじゃない労働観へ

古村　最初の方に副業の人が多いって話をしたんですけど、あんまり稼ぎにならないけれども、ワーカーズコープで本当にやりたいことや大事だと思う仕事をやり続けていったときに、それが

自分の稼ぎの本業にも何らかの質的な影響を与えるんじゃないかなっていう気がしているんですね。

やり続けることで接近してくる気がしていて。それが、働くのは稼ぎのためですって一色だった労働観を変えていくと思うんです。

小野　そんな将来を想像したときに、環境に配慮したおしゃれなブランドをはじめることが浮かんだのですが、そういう仕事には興味がないんですよ。わたしはモデルという仕事の中で、あちこちに行ったり、チームで働いたり、何かをクリエイティブにつくり出したりすることは好きだった。でも、それは、必ずしもファッションじゃなくてもできるのかなとは思っていますね。

古村　モデルという仕事を通じてのチームワークの経験とか、そっちの方が重要ってことですか。

小野　フォトグラファーが表現したいもの、スタイリストが服で表現したいもの、ヘアメイクで表現したいもの、いろんな環境が合わさって、わたしがそれを感覚的に受け取って体現してみる。それがうまくマッチしたときに、すごく印象に残る作品が出来上がったりする。そういう瞬間は本当に好きでしたね。

でも、モデルの仕事をしている間に、どんどん新自由主義（※15）が激化していって。クリエイターたちに作品に対する権限が多くあったのが、今はクライアントとマーケティングの人がこうしたら売れるからっていうニーズに合わせて、わたしたちがくっついていく構造が主流になってしまいました。

着る服も、はじめたころは単体とか、3着ぐらいで成り立っていたのが、今の時代は10着は最低でも着るようなことが増えました。よりたくさんの物を売るっていうシステムになっているんですね。だからクリエイティブ性も落ちている感じがしておもしろさが減った感覚はあるとは思います。

古村　ワーカーズコープの働き方は、違った個性の人たちが組み合わさってひとつの仕事をやり遂げる、チームワーク的なところに特徴があります。しかも、それぞれの理想や目標を重ね合わせながら、クリエイティブに仕事を進めていくおもしろさがあります。今りりあんさんがおっしゃったことと、親和性や共通項があるようです。

小野　たぶん個人的にもそういうのがすごく幸せだなって感じるんです。みんなの個性と力がうまく合わさることは素晴らしいって感じているので。そういうことで、ワーカーズコープに興味があるのかもしれません。

楽しんでいる姿を見せる

小野　もっと単純に、歴史的に振り返っても、一部の権力を握りたい人たちに人々が搾取されたり、そこには人だけじゃなくて、その地域の自然資源を搾取されまくっているっていう、構造がかなり昔から存在する。資本主義になる前から。その結果、地球全体の気候まで変えてしまった。これをこの10年で変えないと、今後何千年もの地球の環境にすさまじく大きな影響を与えてしまうと言われています。

今を生きているわたしたちは、すごく変わらなければいけないけれど、自然と人々の労働を搾取するような大きな構造に立っている。その根本を見ると、トップダウンの構造で、わたしたちに権利がない、権利が奪われていて、言いなりになるしかないっていう状況の中で、働いて生きてきたっていうことがあると思っています。

それを変えるには、わたしたち自身が自分たちで決めて自分たちのために働くっていうこと。本当にこの構造を変えていくことを実際に体現するっていう意味で、ワーカーズコープに興味がある。あとそのスキルを、実践することで身につけていくじゃないですか。そうやっていかないと、この構造って変わっていかないんじゃないかなって思っているから、ワーカーズコープってすごくいいなって思っていました。そういった観点から、とくにこの世界の構造の解決策に、この働き方があるんじゃないかなって思っています。

古村　今おっしゃったことを実践的に進めていこうとしたときに、今の日本の若い人たちの中で、この働き方はどんな受け止め方をされると思いますか。

小野　今の若者たちが全然わからないんですけど、最近話していた日本の同世代の友人が、「わたしは今後、たくさんの命がなくなっていって、すごく悲しいことをいっぱい見なきゃいけない時代に生まれちゃったな」ってぼやいていたんです。でも彼女は、これだけ問いが多い時代に生まれてよかったとも話をしていたんです。これが成功の道であるっていうふうに社会で言われてきたものの先に、自分の成功できる未来があるように見えないって何でなんだろうって問わざるを得ない。今の若者たちって、問わざるを得ないところがあるのかなと思っていて。

なので、それの答えにこんな働き方があるよって語りかけることで、若い世代にすごく響くものがあるんじゃないかなって思っています。何で今こういう社会になっちゃったのかっていうことと、その原因に働かされてきたカタチがすごく影響していたってこと。じゃあそこから自由になって、お互いの豊かさって何だろう、どういう働き方をしたいかっていう話ができるんだよって言うと、やってみたいって思うんじゃないかなと思います。だからニーズとしてはすごくあると思う。
ただね、頭や言葉で理解するのは難しいから、実際に楽しく若い人たちが事業をやっている姿を見ることが早いのかなと思いますけどね。これが楽しいって言える若い子たちをまずサポートして、みんなが体現すると、この社会の生き方に対する問いの答えって、これかも、ってなっていくんじゃないかなと思います。

古村　答えというか、強力なメッセージをいただいたなと思います。うちの連合会では、「ワーカーズコープ未来ビジョン2023」（※16）というメッセージをつくりました。**ワーカーズコープの取り組みの真ん中にあるのは、「働く」を変えましょうという運動**です、と記しています。働くっていうことを変えるのは、質的に言うと暮らし方や経済のあり方をはじめ、いろんなことを変える起点になるんじゃないか。ビジョンはそういうメッセージなんです。
そのときにわたしたちの世代は、労働がこんなに劣悪になってひどくなっているんだから、がんばらなきゃいけないってスポ根ドラマ的に思いがちなんだけども、30代・40代は、いっしょにビジョンを議論していると、働くってことがもっとおもしろいとか、かっこいいとか、楽しいというものに変えていきましょうと言う。それはどうやったらなるんだろうという問いを立てようとすると、その先にわたしのやっている仕事は、誰のための何のための仕事なんでしょうかっていうことを問い続けていくことになる。気候危機の話につながっていくのかなと思いましたね。

働くっていうことの中に、問いを立てるっていうのは重要なキーワードですね。今の学校は、問うたり考えたりする暇があったら覚えろというのが蔓延している。

小野　考える隙を与えるなっていう教育だからね。

古村　過去から今へと続く、気候変動や持続可能性の危機を生み出した構造を見据えながらも、この構造を変えるポジティブなエネルギーは、若い人たちの未来志向と、自分たちで決められるという体験の積み重ねの中から生まれていきますね。それが結果として、ワーカーズコープの事業の裾野や、協同労働のプレーヤーを広げ、プレースタイルも新しく編み出していくと確信しました。

いつの時代も、「今の若者は」と揶揄されますけど、本物の変革は新しい世代からはじまると思います。若い世代にこそ、未来志向の働き方と、自分たちを活かせる組織のあり方を、思い切って広げていきたいと思います。

（2023年4月）

対談内注釈

※1 兵庫県豊岡市のワーカーズコープ

2023年5月に設立された「労働者協同組合アソビバ」のこと。遊びのように組合員が楽しいことを仕事にして、地域づくりに貢献することを目指す。各種イベントの企画および運営、地域の商品の販売事業、広報物制作事業を行う。

※2 「エコストア パパラギ」

労働者協同組合プラスチックフリー普及協会が、神奈川県藤沢市で運営。脱プラスチック・CO_2排出ゼロをコンセプトに商品を販売している。

※3 フォルケホイスコーレ

デンマーク発祥の成人教育機関。対話重視、試験や成績なし、寄宿制などの特徴があり、参加者がともに成長することを重視する。日本での実践は『フォルケホイスコーレのすすめ デンマークの「大人の学校」に学ぶ』（矢野拓洋、松浦早希、松永圭世、真庭伸悟、一般社団法人IFAS編著、花伝社、2022年）に詳しい。

※4 School for Life Compath

北海道東川町にある2020年設立の株式会社Compathが、「大人の学び舎」として、フォルケホイスコーレを参考につくった。同社の公式サイトによると、1週間から10週間の滞在型プログラム（コース）を行っている。

※5『コトノネ』の記事
季刊『コトノネ』45号（コトノネ生活、2023年2月発行）の記事「わたしたちは、日本が滅んでも、生きていける」。「『協同労働』という生き方」と題する連載の5回目で創造集団440Hzの活動を取り上げた。

※6「創造集団440Hz」
東京都新宿区で映像、デザイン、Webサイト制作、動画配信などの事業を行う労働者協同組合。不登校やひきこもりを経験した若者たちがフリースクールで出会い、自分たちに合う働き方を求めて活動している。

※7 協同総研がまとめたガイドブック
『協同ではたらくガイドブック《実践編》』（2021年12月発行）のこと。ワーカーズコープを立ち上げるために必要な手続きや法制度の中身、協同労働の実践について解説している。協同総合研究所とワーカーズコープ連合会の合同企画で編集された。

※8 60団体以上のワーカーズコープ
設立された労働者協同組合法人の数は、2024年9月現在で110法人（連合会ふくむ）を超えた。福祉、教育、子育て、環境、医療、デザイン、編集、アート、イベント企画、空き家管理、配送、キャンプ場運営、居場所づくりといった幅広い分野で事業が営まれている。運営主体も多彩で、高齢者、若者、女性、外国籍の人らが取り組むほか、自治会によるもの、士業、準公務員が集うもの、副業として行われるものなどがある。持続可能な地域づくりと新しい働き方に共通性が見られる。

※9『**夢みる小学校**』
オオタヴィン監督によるドキュメンタリー映画。体験型学習を子ども自ら運営したり、校則や定期テストがなかったりする学校に光を当てた。登場するのは、きのくに子どもの村学園と、伊那市立伊那小学校、松山市立余土小学校、東京都世田谷区立桜丘中学校の公立校3校。第32回日本映画批評家大賞のドキュメンタリー賞を受賞。

※10 **兵庫県の但馬地域にあるワーカーズコープ**
ワーカーズコープ・センター事業団の「NEXT GREEN 但馬」のこと。季刊『コトノネ』46号(コトノネ生活、2023年5月発行)の記事「みんな借家住まいだったのだ」で紹介。「『協同労働』という生き方」と題する連載の6回目で、兵庫県豊岡市や「NEXT GREEN 但馬」などの地域活動を取り上げた。

※11「**森のようちえん**」
約70年前にデンマークからはじまった幼児教育や保育活動。森林をはじめとする自然の中での体験を重視する。日本でも各地で実践が広がり、行政による支援施策も生まれている。ワーカーズコープでは、兵庫県但馬地域のほかに鹿児島県奄美市などでも取り組む。自然体験の重視は、「森のようちえん」に限らず、通常の保育園や学童保育の運営に採り入れられるようになってきた。

※12 **シュタイナー教育**
ドイツを中心に活動した哲学者、ルドルフ・シュタイナーの「アントロポゾフィー」という人間観、世界観を基にした教育のこと。「自由への教育」と呼ばれて、肉体・生命体・感覚体・自我の成長という人間の発達を、7年周期でとらえ教育的課題を設定する。とくに子どもが本物に触れることを大切にし、身体の健やかな発達を促す時期・感情を十分に働かせる時期・抽象概念と思考力による包括的な認識などの教育的課題を設定し、環境づくり、授業づくりが行われる。

※13 **平田オリザ**
劇作家・演出家。劇団「青年団」主宰。1962年生まれ。『東京ノート』で1995年、第39回岸田國士戯曲賞受賞。著書に『但馬日記　演劇は町を変えたか』（岩波書店、2023年）など。

※14 **アンペイドワーク**
日々の暮らしを支えるには欠かせないものの、金銭的な報酬は得られない労働を指す。家事や子育て、看護・介護など家族内の仕事のほか、地域でのボランティア活動などが挙げられる。担い手は女性が多く、社会進出を阻む壁だと指摘されてきた。

※15 **新自由主義**
政府による規制を最小限にとどめ、個人や企業の自由な経済活動、自由競争を重視する。ネオリベラリズムともいう。

※16 **「ワーカーズコープ未来ビジョン2023」**
労働者協同組合法に基づく日本労働者協同組合連合会の創立時（2023年6月）に定められた。252ページに詳細を紹介している。

対談2

まずは、自分の足元から。コモンが広げる「暮らし」革命

斎藤幸平
Kohei Saito
古村伸宏
Nobuhiro Furumura

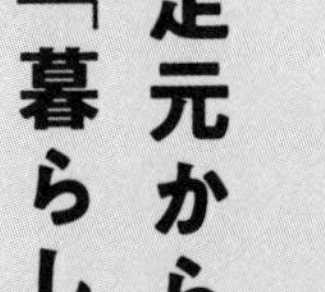

『人新世の「資本論」』以来、
一世を風靡《ふうび》する斎藤幸平さんは、
「コモン」という概念を強く打ち出し、
仕事や働くことにこの概念を取り入れていくこと、
そのための労働者協同組合の可能性に
常々言及されています。
わたしたちの集会や現場に
足を運んでもらったこともあり、
法制化によって労働者協同組合が開くコモンの
可能性をうかがいました。

斎藤幸平（さいとう こうへい）

1987年生まれ。東京大学大学院総合文化研究科准教授。専門は経済思想、社会思想。ベルリン・フンボルト大学哲学科博士課程修了。博士（哲学）。単著に『人新世の「資本論」』（2020年、集英社）、『大洪水の前に マルクスと惑星の物質代謝』（2022年、KADOKAWA）、共著に『コモンの「自治」論』（2023年、集英社）など。

社会のひずみに立ち向かう

古村　労働者協同組合の法律が施行され、少しずつ関心を持つ人が増えてきたように思います。ＮＰＯ法人やほかの協同組合に比べて、比較的手軽に組織をつくれるという点は、大きな特徴です。

斎藤　労働者協同組合は、つくりやすいんですか？

古村　３人以上の組合員がそろえば、準則主義（※１）なので、定款などの条件を整えて届け出れば、法人として認められるんです。

斎藤　そこだけ見れば……（笑）。

古村　はい、そこだけ見れば（笑）。

ただ、労働者の協同組合なので、日本の労働法制のもとで、労働者の権利がさまざまな面で保護されている組織でなければいけない。労働条件に見合った事業収入が安定しているとか、さまざまなクリアすべきハードルがあります。組織のあり方に強い関心があっても、そう簡単に労働者協同組合の実態は整うわけじゃないんですが……。

どんな事業でいくら利益を出すかといった、企業一般の常識から、協同労働の仕事がはじまるわけじゃない。日常の中でわたしたちに染みついている労働の感覚、つまり雇われるっていう感覚とか、受動的なあり方を一回解きほぐして、みんながまず主体者として、自分たち自身を育て合っていく。そこが大切になります。

斎藤　どこが簡単なんですか(笑)。実行できるかどうかの前に、労働者協同組合の目指すものを理解することが難しいですね。

古村　時間のかかる話です。そこを省略すると、本当の意味での労働者協同組合の良さが失われてしまう。そこはじっくりひとつひとつのプロセスを大切にしなきゃいけないということです。

ただ、日本の社会全体が絶望へと進んでいるという印象が強いですし、さらに加速しているように感じますから、広げる努力は急がれます。所管する厚生労働省や、監督する都道府県が、精力的にフォーラムなどの周知に力を入れ、可能性を生み出そうとしています。こういう動きにも協力してやっていますが、最終的にはこの仕組みを使って、自分たちの職場や暮らしや地域を、より良い、人間らしいものにしていこうという人たちが、どれぐらい立ち上がってくるかが勝負です。あまり悠長なことは言っていられない状況だと思うので、プロセスを大事にしながら、インパクトを持って伝えていく努力が、一層重要になってくると思っています。

斎藤さんには、何度もワーカーズコープについて、著書などで取り上げていただいています。わたしたちの集会にも来ていただきましたし、はげまされていると同時に、海外で労働者協同組合がどんな役割を果たしているか、原理的にどういう可能性を持っているかというメッセージは、わたしたちの自信にもなっています。

これまで労働者協同組合を支える法律がなかったので、無法者の時代は、変わり者が集まっておかしな理屈でやっていると見られるきらいがあった。ちょっとでも失敗すると、「ほれ見たことか」と責められる恐怖心もあって、メンバーの中でも「本当にこの仕組みは大丈夫なのか？」と半信半疑な人たちもいなかったわけじゃない。そういう状況の中で、こんなふうにうまくいったとか、こんなふうに充実したという成功体験を、可能な限り共有して発信することを重視してきました。今ではそれなりの事実が積み上がり、一定の規模になってきました。

公的な仕組みになったので、これからは実践のプロセスがものすごく重要で、決してきれいに成功するとは限らない。**葛藤の経験や失敗の教訓も、どうやって社会化していくか**にも責任を持たなきゃいけない。そんな思いを持ちながら進めているところです。

改めて、斎藤さんの労働者協同組合への基本的な期待感や問題意識を聞かせていただけますか。

斎藤　この3年ぐらい、コロナ禍で格差がますます拡大して、社会全体が非常に大きな混乱に陥る中で、わたしたちの社会において、もっとエッセンシャル（本質的）な仕事があるんじゃないかと問われ出した。さらに、自然環境の破壊や気候変動の影響を、日本に暮らしていても、さまざまな形で実感するようになって、もっと持続可能性を重視すべきじゃないかと言われている。ロシア・ウクライナ戦争もはじまって、エネルギーや資源の価格が高騰して、食やエネルギーも、しっかり自給をしていかないといけない。これまでのやり方の限界が浮かび上がってきていると思います。

たしかに見かけ上は、物が世にあふれている状態がつくられています。しかしコロナ禍で、マスク、消毒用アルコール、治療薬は、すぐにつくれなかった。気候変動に関しても、太陽光発電などの再生エネルギーの開発にも後れを取っています。食に困る国民が出ているのに、人を殺すための兵器をたくさんつくっている。

命や生活を守るためには、ない方がいいようなものが大量にあふれている社会です。儲けを優先する資本主義社会の矛盾が、さまざまなところで感じられるようになってきている。このままの資本主義を放置していけば、一部の人たちがますます富をため込んで、彼らにとって有利な社会がどんどん出来上がっていってしまう。金持ちは貧しい人への想像力を失って分断が進んでいく。そうじゃない社会、つまりもっと命とか環境とか、その根幹にある食とか、いろんな暮らしを重視する社会へと転換していかなければいけない。

その解決策のひとつとして、労働者協同組合が浮かび上がってきた。社会や地域のニーズとして、今までにない「働きがい」をつくり出す。労働者たちの助け合い、地域の循環とか、そういうものを重視するような運動が、日本でもついに労働者協同組合として法制化された。わたしは人新世（※2）と言いますけど、人新世の危機の時代で、下から立ち向かっていくためのひとつの取り組みの第一歩ではないか、と考えています。

「よい仕事」をやろう

古村　わたしたちはいきなり協同組合としてはじまったわけじゃなくて、戦後の失業者たちによる仕事づくりが、直接的な出発でした。１９８０年代に国の失業対策の制度がなくなっていく中で、何とか仕事を残すための、労働組合としての闘いがあり、その中から生み出した「事業団」としてはじまりました。

失業したのは国が戦争をしたせいだし、個人の責任じゃないんだから、国が保障すべきだっていうマインドで、1円でも多く金をよこせ、仕事をよこせと叫ぶ。そこに力点を置いた労働組合運動でしたが、肝心の仕事は真面目にやらなかった。だから世の中が「何だ、あの人たちは、真面目に仕事しないでお金をもらっている」と見ていたことに、制度存続の最終局面で気づいた。そこから180度方針を転換して、地域住民からよろこばれる「よい仕事」をやりましょうって言い出した。

斎藤　仕事をよこせから、地域の人によろこばれる仕事へ、ですか。

古村　当時はまだわたしはいませんでしたから、リアルな感じはわかりませんけれども。「よい仕事」は、当時の委員長である中西五洲さん（※3）が言いはじめたらしい。頭がおかしくなったんじゃないかと言われたそうです。しかし「よい仕事」は浸透しきらずに、失業対策の制度は終わったんですけれど……。でも、種はちゃんと残っていて、その精神を引き継いだのが、今の労働者協同組合っていうことです。

斎藤　いつごろのことですか。

古村　1980年代の前半で、正式な協同組合化は1986年。わたしが入職した年です。そのときに「よい仕事」をやりましょうというマインドが残っていて、それが働き続けるための条件であり、自分たちの存在が社会から認められるような仕事をやろうとしていました。

じゃあどうやったらそんな仕事ができるのかっていう自問の中で、一人ひとりが主人公意識を持って仕事をやろうということがいちばん大事だとなった。雇われて言われたことだけやるっていうのでは、本当に「よい仕事」のために努力したり、考えたり話し合ったりしない。そんな模索の中でめぐり合ったのが、ヨーロッパで育った労働者協同組合という仕組みです。

斎藤さんがおっしゃったように、多くの人が今、孤立し分断状況にあるという危機感は、ひしひしと感じています。そういう状態でも生きていける人もいるでしょうが、しんどい人たちがどんどん顕在化してくる中で、人と人とがつながり直すとか、人と地域もそうですし、そういうつながりが大事だっていう声は、膨れ上がりつつあります。

でも、問題はつながり方がよくわからないというか、これまであまり経験してきていない。日本人はあまり対話が得意じゃないとか、同調圧力とかいろいろ語られますけど、**つながり方**

をもう一回身につけていく、経験し直していくという意味が労働者協同組合には強いんじゃないかなと。それは民主主義ってことにも関わるテーマなんじゃないかと思います。

斎藤　今、日本は経済成長もしてない。人新世の危機を前にして、社会の中でこれまで通りの働き方を続けてもしょうがないんじゃないか。給料だって上がらないし、出世もできないっていう中で、もっと自由になりたいとか、もっと違う働き方をしたいっていう欲求が出てきているはずです。ただ、それがどういうふうに顕在化しているかっていうと、たとえばユーチューバーになろうっていう感じですね。要するに、誰かに雇われるんじゃなくて、自分でユーチューバーとして発信していく。SNS全般がそうですけれども、そういう形で他者からの承認を受けている。ただ、みんながユーチューバーになっても、正直何も生産されないのであって、ただの娯楽です。そしてお金がない人たちはユーチューブとかスマホのゲームとか、ただで広告を見ながら時間を潰す。

一方で、金持ちの人たちは、高級な車とかペンション、別荘、ホテル、リゾートとかですね、そういうもの、いわゆるぜいたく品を貪りくらう。こういう二極化が進んでいて、共通しているのは、どちらの業種でも人間は生きていけないっていうことです。

人間が必要とするような食、エネルギー、ケア、教育とか、そういうものとはかけ離れたものに、日本だけでなく先進国全般で経済が乗っ取られるようになってしまっている。

なので、そういう状況を放置するのではなくて、働く際に今までみたいな働き方はだめだけれども、もっと一人ひとりがちゃんと意味がある、楽しくて働きがいがあって、同時に社会にとっても役に立って承認をされて、ほかの人たちともつながっていく。そして自然ともつながっていくことができるような、主体性と共同性を養うような経済のあり方を取り戻していく必要があります。けれども、都会に暮らしていると、広告でお金とともに駆動させる力が圧倒的に強い。

面倒くさいことの価値

古村　労働者協同組合法の説明会やフォーラムをやっていると、この仕組みのメリットは何ですかって聞かれることが多い。ほかの法人やＮＰＯ法人との違いは何ですか、と聞かれたら、ここは違うって答えられるんですけど。メリットっていう言葉の裏側にくっついているのが、コストパフォーマンスみたいなものだと思うんです。ですから、あえて「いやメリットはめっちゃ面倒くさいことがおもしろくなるかもしれないっていうことです」と話をするんですよ。それぐらい便利や効率的っていうのは、いろいろ手間暇かけないで、すぐに結論にたどり着けるとか、欲しいものがすぐに手に入るみたいな感覚として受け止められている。

でも、本当の豊かさとかおもしろさって、むしろそのプロセスに時間がかかって、ちょっと面倒くさいところにあると思うんです。こうしたプロセスの価値を言わないと、この仕組みの本質は伝わらないんじゃないかなと思うし、大きなパラダイム転換というか、価値の転換みたいなことにはならないんじゃないかな、という感じがすごくしていますね。

斎藤　そうですね、そこがこれまでの経済のような、効率性を重視する社会のあり方から転換しようっていう、脱成長的な価値観として、わたしは親和性を見出しています。

コロナ禍で浮かび上がったのは、効率性を追求しすぎた経済、今のグローバル化ですね。たとえば、とにかく安いところでつくるとか、1カ所に集中させて、そこでたくさんつくる。そういうことをやっていると、たとえば、日本では半導体が足りなくなっている。中国に拠点を移してしまったわけですね。それをやっていたら、中国でロックダウンが起きると、半導体が手に入らなくなる。

食料も同じ事情です。小麦は、世界の総輸出量の3割ぐらいはロシアとウクライナでつくっていたんですけども、そこで戦争が起きた。すると世界的な、とくに中東、アフリカなんかでは、食料が一気に足りなくなるということが起きている。日本ではまだ起きていませんが……。

小麦だけじゃなくて、パーム油、大豆などを生産しているのは、本当に数カ国ですよね。アルゼンチン、ブラジル、ロシア、マレーシア、インドネシアなどでつくられている。それは効率的なんですけれども、他方で非常に脆弱で、最近流行りの言葉を使えば、レジリエンス（※4）がなくなる。効率性とレジリエンスっていうのは、いわばバーターの関係、ある種ジレンマ的なものがあって、効率性を追求しすぎて、レジリエンスの方が失われてしまった。これが今回のコロナ禍のレッスンだと思う。

それはどういうことかというと、ある程度わたしたちは効率性を犠牲にしても、自分たちの国で必要なものはつくるようにしなきゃいけない、コストが多少上がるにしてもやらなきゃいけない。あるいは効率的だからといって、何でもかんでも1カ所に集中させるんじゃなくて、ある程度分散していかなきゃいけない。都市と地方もそうですし、もっといろんなものをつくるようにしないといけない。

古村　農業こそいちばんの国防と言われますね。

斎藤　人を使い捨てるみたいな働き方をさせるんではなくて、柔軟性や回復力があるような社会にしていく必要があります。レジリエントな社会です。

そのためには、みんなが主体性を取り戻さなきゃいけない。みんなでやりながら、みんなで考えて、みんなで働く、支え合う。仕事場をコモンにしていくみたいなイメージで考えるんです。たとえばコモンっていうと、これまでの一般的なイメージだと、基本的には土地のことなんです。土地とか海洋資源とか。そういうものをコモンにしようという話でした。

わたしが言いたいのはそうではない。コモンっていうのは、そういう自然だけでなく、**たとえば文化とか、知識であるとか、仕事における経験とかもそうですし、さらに労働する場所みたいなものもコモンです。**

地域をコモンにしていくっていうのは、もちろん里山とかをみんなで管理していくっていうのもそうだけど、そこにある町の文化、お祭りも保育園も、すべてコモンとしてみんなで管理していく。さらに言うと、仕事場でもみんなで決める。誰かが上から効率性や利潤みたいなものを基準にして、勝手に決めるんじゃなくて、参加している人たちが自分たちのやりがいを考えて決める。

さらにそれを開いていけば、もっと地域のことを考える、消費者のことを考えるみたいな形で、いろんな視点が入って、みんなのものになっていく。そういう形をわたしはコモンと呼んでいるんですね。その領域をどんどん広げていく。

社会とか経済をコモンにしていく際には、わたしたちの社会における仕事をコモンにしていくことは非常に重要です。労働者協同組合っていうのもそういう意味ではコモンにしていこうという動きのひとつだし、こういう視点から、わたしたちの経済のあり方を変えていくことが、今求められているんじゃないかと思うわけです。

お金じゃないもので、つながる

古村　コモンと聞いたときに、真っ先に思い描いたのは、ワーカーズコープにおける職場、仕事場におけるコモン化です。たとえば3人で職場を形成していると、◯◯さんという人間が持っている個性や特性は◯◯さんだけのものじゃなくて、その能力をみんなで共有して活かしていく。

活かしていこうと思うのは、その能力がわたしにはないから共有させてほしいということ。逆にわたしにはこういう個性があるというのは、自分が判断するよりはまわりが評価しながら見出して、それを共有して仕事をやりましょう、となる。そのために決定的に欠いてはならないのは、対話と共同体験があるかどうかってことなんです。

職場という場所に、トップがいて、そこでガバナンスと呼ばれるコントロールが働いて、競争関係に働く人たちが置かれる構造とは、決定的に違う環境だと思う。それは職場に限らず、家庭という場所もそうでしょうし。地域・コミュニティみたいな場所も、本来そういうものとして存在していた時期もある。決して誰かを犠牲にするのではなくて、誰もが生きていけるっていう、まさに共存、共生ということになるんじゃないか。

そういうふうにワーカーズコープの職場に置き換えていくと、みんなで決定するっていうことと、そこに至るプロセスこそが、まさにコモン化していく重要な事例として打ち出していかなきゃいけない、ということですね。

斎藤　それはこれからの時代に重要になってきます。

労働者協同組合とか協同組合は新しいものではなくて、マルクスの時代からありました。当時からマルクスも、協同組合はコミュニズムの基礎になるというような意味合いのことを言っています。ただどうしても大企業と競争していくと、当然競争では負けてしまうので、これ自体はマルクスもある種の限界として指摘しています。

つまり、まわりと競争しようとすると、結局協同組合の中での民主主義が犠牲にされてしまうし、逆に内部の民主主義みたいなものを大切にしすぎると、経済効率性で淘汰されてしまう。これが、協同組合が資本主義を乗り越える際の限界と見なされ、資本主義を変えるところまではいかなかった。

でも逆に、この30年ぐらいで資本主義の限界が見えてきて、再び焦点が当たりつつある。イギリスでも、労働党元党首のジェレミー・コービン（※5）が雇用や経済を復活させるための軸として、新しい所有の形態として協同組合を復活させようとした。最終的に彼は追い出されて、失敗に終わりました。

それ以外にも『人新世の「資本論」』で書いたように、とくにスペインとかイタリアを中心とした協同組合の伝統が強い地域で、今新しいミュニシパリズム（※6）と呼ばれる政治参加の動きや、自治体主義のような取り組みが出てきている。グローバル企業のための政治から、市民のための政治へ。その動きが、ヨーロッパのいろんなところにも広がっている。

日本ではまだまだです。でもそういう動き、ミュニシパリズムを日本でも広げていくことこそが、人新世の危機をこれ以上悪化させないための、ほぼ唯一の方法なんじゃないかと思っています。

要するにそれは、コモンを広げていくということ。政治もコモンにしていくし、社会もコモンにしていく。

そのために、協同組合や、労働者協同組合、さらにソーシャルビジネスやNGOなどの領域が足場となって社会を変えていく流れになってほしいなと、期待しているんです。

古村　協同組合は人の結合体とよく言われます。組合員がたくさんいて、その組合員の協力の力で共通のニーズを実現していく。組織が形成されていくと、組織そのものが人格化する。

最近のわたしたちの問題意識として、組織が大きくなると、組織と組合員の分離がはじまってしまうことがあります。たとえば生協に置き換えると、イオンの会員になって買っているのと、あまり変わらない印象をみんなが持ちはじめている。

わたしたちが労働者協同組合になっていく直接のきっかけになったのは、1980年に国際協同組合同盟（ICA）のモスクワ大会に出された、「西暦2000年における協同組合」というレポートです。カナダのレイドロー（※7）という博士が書いたもので、その中に4つの優先課題があげられています。そのふたつ目に、生産的労働のための協同組合があった。

このレポートの中で、レイドローは欧州の生協について厳しい指摘をしています。大規模化の中で主権者たる組合員をお客さんにしてしまう、いわゆる顧客主義を非難していました。

日本では、欧州とは異なり、班という組合員の基礎組織が効果を上げていました。班というのは、組合員同士が、商品が届いたらお互い注文したものを仕分けして、持って帰るだけじゃなくて、そこにコミュニケーションがあった。商品はきっかけではあるけれども、そこで暮らしにまつわるいろんな情報が共有されたり相談し合ったり、まさに組合員同士の関係が体感できる場所だった。

それが店舗を重視しようとか、個配（個人配達）というふうになって、組合員同士の関係がどんどん見えなくなっていく。「わたし」と「生協」の関係だけになっている。農協も、もともとは水路を管理するとか、いろんなことを組合員同士が協同していたはずなのに、その力がだんだん弱っている。

翻《ひるがえ》ってみると、労働者協同組合は徹底して組合員同士の関係にこだわらないとうまくいかない仕組みなんですよね。

斎藤　**お金を払って、お金でつながっている関係ではない。**

古村　協同組合が組合員に何かをしてあげるんじゃなくて、組合員が何かするのを呼びかけていくとか……。そういう組合員の協同の経験が、協同組合の今にとってすごく重要なんじゃないかと思っているんです。

最近は、生協は生協、農協は農協ってバラバラでやらないで、協同組合同士ちゃんと地域で横につながって、お互いの強みとか個性を補い合って、持続可能で活力ある地域づくりをしましょうという方向になりはじめたところです。人数的にも仕組み的にも、社会を変えていくひとつの基盤になれるんじゃないかと思います。

ワーカーズコープだけとか、ひとつの協同組合ではできない。生協とか農協とか、それぞれの組織の経営をどう考えるかということと、その先にある地域の経済や国の経済がどうつながっているのかは、難しい課題ですけれども、避けて通れないテーマになっていくなと思っています。

何のための事業なのか

斎藤　たとえばスペインのバルセロナでも、これまでの緊縮財政では、いろんなものをアウトソーシングしていくというのがトレンドでした。でも、今は逆にインソーシングしていく、つまり公共調達をすることで、地域の中で経済を循環させていこうという動きが出てきているんです。

フランスであれば、美術館、市役所、病院、刑務所などで出される公共の食は、食材を地産地消で地元の農家から買うような仕組みに変わってきている。あるいは清掃などの業務は、地域の中で回すようになってきている。単に入札でいちばん安いところにするんではなくて、東京都世田谷区のように、協同組合やさまざまな社会性を重視した組織を積極的に活用しようとしている。そんな動きは、本来もっと出てきてしかるべきじゃないか。行政ももっと応援しようと思えば、そういう形で協同組合的なものを地域に根づかせたり広げていくことができると思うんです。

わたしは大阪にいたときは、関西よつ葉連絡会（※8）をずっと使っていたんですが、よつ葉の人たちが、協同組合で「何でも屋」をやろうとしていたり、解放同盟の人たちと北芝に行ったときに、北芝でもワーカーズコープ的な動き（※9）をはじめていますよね。こういう形で協同組合の新しい形態が、日本でも出てきているのかなと感じます。

これからどれだけ増えていくかが、課題ですよね。法律が施行されて、変化はありましたか。

古村　まだはっきりとは見えてこないんですが、たしかにコモンという考え方が無自覚のうちに反映されて立ち上がったワーカーズコープはいくつかあります。いちばん象徴的なのは沖縄の宮古島の例でしょうか。

自治会が基盤となっている宮古島・狩俣地区の「労働者協同組合かりまた共働組合」です。この地域の自治会の人たちは、50代のわりと若手の自治会役員です。島の外にお金が出ない仕組みと仕事づくりのために、労働者協同組合を立ち上げました。この集落の農地は全部集落の所有で、売ったり貸したりするのは、集落全員のOKがないとできない。そうやって守っているけど、有効に使おうとしてこなかった。なので集落の人たちでつくったワーカーズコープが、集落のための仕事をやるっていうことであれば使わせてもらえるんじゃないか、という話も出ています。全国的には特殊な環境かもしれないけども、あり方としてはすごくわかりやすいなっていう印象を持っています。

わたしたちもすごく毒されてるって思うんです。事業体として経営をやっていかなきゃいけない。収入はいくらで、何にどうお金を使うかっていう支出をバランス取ってやっていかなきゃいけない。毎年事業計画をつくるんですが、みんなで話し合う前に、マネージャーやリーダーが案を示すんですよ。そうすると、今事業高が5億円だから来年は7億円にしようって、いきなり数字の話が出てくることがある。

これまでは、ものすごく小さな超マイノリティの組織だったから、少しでも世間で存在感を高めなきゃいけないということと、失業している人たちが働ける場所をつくっていくのが使命でした。そのために仕事を増やそうということだった。

それがいつの間にか数字が先走りして、この数字の中身・意味は何かということが空洞化する危険性があるなって感じているんです。だから計画をつくるにしても、今いるメンバーの給料を上げることも含めて、1年かけてどうなっていくのか、全部洗い出して計画にすることが問われています。**メンバーだけよければいいという話じゃなくて、地域をどうしていくか**っていうことに、もっと積極的に関与していかなきゃいけない。

斎藤　協同労働のあり方を、どこからはじめて、どこまで伴走すればいいんですかね。

古村　多様な働く場をつくり出していくという目的があるので、こういう人のためにこういう仕事をつくろうという計画があって、それを具体化するためには、数字としてこれぐらい、っていうふうに見えてくる。

労働者が経営をするっていうのは、言葉としては簡単なんですけど、経験すべきことは結構たくさんあって、その一個一個が本来おもしろい。おもしろいというのは価値の転換を起こしていく作業のような気がしているんです。やっぱり経営って生きざまみたいなものなんで。

自分のお金の行く先は

古村　もうひとつ言いたいのは、ワーカーズコープだけでやっていても、地域経済なんて変わるはずがない。いま厚生労働省の担当者もがんばって、信用金庫とかいろんなところを回って、労働者協同組合の話をしてもらっているんです。

わたしたちも、原発をなくそうってがんばっている城南信用金庫（※10）とはずっと深い関係で。信用金庫とか労働金庫という、一般的に協同組織とか、非営利の金融機関と呼ばれているところが、ワーカーズコープや新しい地域経済のあり方をどう考えて、そこにどういう役割を果たしていくか考えはじめていて、すごく頼もしい。

斎藤　やっぱり協同組合って、大きくなればなるほど、法人自体を人格化して分離していくっていう問題があったり、大きくなろうとすることが目的となったりして、結局資本主義的なものとほとんど変わらなくなってしまう。マルクスが、協同組合にさえすれば資本主義は乗り越えられるんだと考えなかったのは、まさにそういう理由があったからですよね。

協同組合にすれば、直ちに問題は解決するわけではないんだけれども、協同労働を通じて、その地域にそういう別な働き方をしている人たちがいることを知り、自分が協同組合の組合員として働いているのではないかもしれないけれども、知ったことで自分の消費の仕方とか生活の仕方も変わっていく。そういう循環というか相互作用みたいなものが生まれてくることなしには、社会自体は変わっていかないので、それは非常に重要な第一歩なんじゃないかなと思います。

あとは、介護とか保育、清掃とか、そういう業態が日本のワーカーズコープは多いと思うんですけど、信用金庫などと結びついて、協同組合向けの融資みたいなものをしっかり取り組んでいく。そうして、スペインのバスク州にあるモンドラゴン協同組合グループ（※11）のように物づくりの事業やイタリアの書店や出版業のように、さまざまな事業体が広がっていくといいなと思いますね。電力とかもそうですけどね。

古村　信用金庫はわりと地域の人たちとの距離感が近くて、融資先の中小企業などは地元が多い。一方労働金庫は、労働者の人たちのお金が集められている。単なる金融機関としての地域経済に対する役割だけじゃなくて、いろんな組織とも紐づいていて、コミュニティの経済を考えてコントロールしていくという当事者性が立ち上がってくるような流れをうまくつくれると、それは普通の大手メガバンクではできないことだろうなと思うんですね。

斎藤　そうですね、最近だと気候変動関連でも、日本のメガバンクは海外、とくにパイプライン、化石燃料、石炭とか、そういう事業に投資しているので、そういう金融機関からお金を引き上げて、信用金庫なんかにお金を移している人も増えているようです。

これだけ経済が大きくなると、自分のお金がどういうふうに使われているのか、あるいは自分が消費しているものがどうやってつくられているのか、ということに関心を持たなくなってしまっているわけですけれども、自分がつくるもの・買うもの、あるいはそこで預けたものが、どこから来てどこへ行っているのか、関心を持つべきです。

もちろん全部を管理するのは無理なんだけれども、さまざまなところで**自分たちの意思がより反映されるような経済に関心を持ちたい。**それを経済の民主化と言ってもいいと思うんです。協同組合はそのひとつだし、それが信用金庫とかソーシャルビジネスとか、いろんなものと結びついていけば、少しは変わっていく。

ただ、少し変わるだけじゃだめですよね。東京とか、大きなところで、どれぐらい変えていけるかというのが、これからの危機の時代には強く問われているのではないでしょうか。

「子ども」と「ローカル」がカギ

古村　手遅れ感や絶望感もあるんですけど、本当に構造を変えていくには、絶対欠いてはいけないテーマが教育だと思っています。

すべてを効率に置き換えてきたときに、時間の価値がどんどん矮小化されてきた。今の経済は、とくに自然の時間や命の時間である動植物が育つ時間を、工業的に短くするようなことを一生懸命考えているわけですよ。鶏も6カ月ぐらいで育つところを、エサを変えて3カ月で生育するようにしたり。極端に言うと、これは人間が生殖能力を持つまでに10年ないし15年ぐらいかかる時間を短くしちゃう、みたいなことにもなりかねない。すごく危うい話だと思うんです。

そういう命の時間までもが効率化できるという幻想を超えていこうとしたときに、時間という動かし難い原理みたいなことに、もう一回価値を置いて物事をとらえ直さなきゃいけないという気がしています。そのためにいちばん大事なのは、子どもの時間だと思うんです。子どもたちの体験とか学び、関係づくりっていう、とても大切な時間を省略したり効率性で考えるのではなくて、もう一度見直して再構築するのがとても大切だと思っています。今のゼロ歳から15歳ぐらいの子どもたちが、じいちゃんやばあちゃんになるときぐらいまで時間をかけないと、本当の構造は変わらないのかもしれないですけど……。

ただ本能的に、映画『夢見る小学校』（56ページの※9参照）みたいな体験と子どもファーストを徹底している実践に、憧れと希望を見出そうとする人とか、地方に移り住む人たちの多くは、食の安全や子育てが大きな理由になっているのは間違いない。そこから新しいあり方にどう切り込むかっていうのは、欠いてはいけないテーマだと思っています。

社会を変えるには、東京が変わるのがいちばん世の中へのインパクトが大きいと思いますが、時間や効率の価値を子育てや食から変えていく取り組みは、現実はやっぱりローカルな地域からしか出てこないという気がしているんですね。その価値を、田舎だからとバカにするんじゃなくて、広げ方や理解の仕方をどうつくっていくかに関心があります。

斎藤　結局今の気候変動にしても、格差にしても、地方の衰退にしても、そういう問題をつくり上げてきたのは東京なので、東京が問題の根幹にあるんですよね。だからそこの中からいい解決策が、しかもそこの中のいわゆるマジョリティみたいな人たちから出てくるわけはないだろうっていうことですよね。

〝ウバシカ〟（『ぼくはウーバーで捻挫し、山でシカと闘い、水俣で泣いた』〈※12〉）というわたしの本のテーマは、そういうマジョリティが、どうやったらもっと違う可能性に気がついて学ぶことができるんだろうかっていうことなんです。そのヒントは、おっしゃるように、むしろ地方とか東京ではない場所。

あともうひとつは、やっぱり子どもとか若い世代。若い世代ほど、今の資本主義の恩恵を受けることがますます少なくなっている。仕事も安定したものはないし、給料も上がらないし。けれども東京なんかでは家賃もどんどん上がっていて、物価も上がって、大学へ行っても学生ローンがひどくて、気候変動も加わってくるみたいな……。

上の世代と違って、大学に行って卒業したらいい会社に入って、給料もだんだん上がっていって、結婚して車も買って家も買ってみたいな、そういう右肩上がりのストーリーはもうないわけですよね。そうなってくると、資本主義が約束していた、経済成長して豊かになっていくから、がんばってみんな働いてねってストーリーが崩壊してきている。これは別に日本の話というよりは、世界的なトレンドで、世界でこの瞬間にもいろんなストライキが起きています。

古村　世界は変わろうとしている。日本は変われるのか。

斎藤　この10年ぐらいを見ても、ウォール街占拠運動からはじまったオキュパイ・ムーブメント（※13）、サンダース旋風（※14）、ブラック・ライブズ・マター（※15）、グレタ・トゥーンベリ（※16）、#MeToo運動（※17）などがありました。さまざまな形で資本主義が人種差別を温存し、環境破壊を進め、ジェンダー不平等を温存する。

そういうやり方に対して、**自分たちの生活とか命を守るための大転換、命のための革命みたいなものを求める声が出てきている**と思うんですね。日本にいると、そこまで感じませんが、世界を見ると明らかにその傾向が出てきている。だからこうした動きをどうやって新しい社会につなげていくか。この傾向自体は止まらないと思うんですね。

資本主義自体がそれに代わって、もっといいものを示せるかというと、もう示せない。そうなると不満が解消されないわけです。そういう中で、これまでと違う社会をわたしたち自身がつくっていくにはどうするか？　ひとりではつくれないので、ほかの人たちと話し合いとか協同というものが必要だし、具体的な成功のビジョンも必要になってくるわけです。

そういうもののひとつの試みとして、協同組合がもっといろんな動きを見せるというのは、時代の要請なのではないかと思います。これがどれぐらいうまくいくか、期待しています。

古村　日本にいるだけでは感じないけれども、明らかに世界的には変化が顕在化しはじめている。そういう動きが高まれば高まるほど、もう一方でそれを押しとどめようとする力が、暴力性を増したり、戦争みたいなことを使いながら封じていくパワーも大きくなりはじめている。明らかにそんな現象を感じます。日本の場合、顕在化はまだまだ小さいけれども、国や大きな企業が先回りして、うわべだけ変化していく感じもすごく怖いですよね。

斎藤　それについては、なかなか答えはないですよね。とはいえ、地方とか自治体とか、そういうところにヒントはあるんじゃないかということですよね。

いざコモン型の社会へ

古村　今度うちの集会でもテーマに据えているんですけど、やっぱり日本人はあきらめとかお任せっていう感覚は、世界に比べてすごく強いんじゃないですか?

斎藤　そうでしょうね。その意味で、自治をどうやって取り戻すかっていうことですよね。

古村　そうなんです。そうしないと投票率なんて絶対上がらないと思うんですよね。

斎藤　わたしが言いたいのは、自治を取り戻すためには、政治ではなく、**もっと日常において自治を取り戻さなきゃいけない。**それは教育の現場で自分たちの校則を決めるということもそうですし、生活の中で自分たちが何をどう食べるかを決めるのもそうなんですが、やっぱり仕事の現場で、自分たち自身で決めるという自治の経験やトレーニングが重要になってくる。それがあってから、政治の民主化です。

社会の自治が高まることが、政治の自治が高まる前提であって、そこをすっ飛ばしておいて、みんなで選挙に行きましょうといった話は、正直何の意味もない、有害でしかない。そこを逆転した人があまりにも多いなという気がしていますね。

古村　労働者協同組合法とか協同労働を取り入れ活用して、地域づくりを考えてみましょうという自治体は、まだ少ないですが、ちょっとずつ出はじめています。わたしが期待しているのは、平成の大合併で広域化した行政の役割を、もう一回住民の自治をベースにして地域をつくり直そうという動きが出てきていることです。

小規模多機能自治（※18）の推進はひとつの潮流になっています。地域の声を丁寧に拾い上げて、そこから取り組みを出発させています。その声の特徴は、女性と子どもです。これが新しいコミュニティづくりのトレンドになりつつある。地域で眠っていた力の源泉がここにあると感じます。こうしたエネルギーはこれまで封印されていたと思うんですよね。子どもと女性が中心におもしろい動きになってくると、地域のあり方を男性中心・年功序列的な集落じゃないものとして編み直していくことになります。

それが、たとえば経済のあり方にも影響を及ぼしていく。経済のあり方が、女性や子どもというテーマや地域の自治とうまく折り合っていくと、思わぬエネルギーを生んでいくんじゃないかなと思うんですよね。

斎藤　そうですね。いろんな能力があって、その能力がこれまでのやり方だと十分に評価されてこなかったり、むしろ周辺化され、十分発展してこなかったりしたわけですけれども、評価軸を変えたり、やり方を変えるっていうのは、今まで十分に取り入れてこなかった人たちの能力も発揮されて、社会そのものの富が豊かになっていく。そういう過程ですね。

だから、協同労働的な発想をかませることで、いろんな力が発揮されて、その領域が広がっていけばいいんじゃないか。そういう意味では、社会全体をいかにコモンにしていくかということですね。

コモンは広くてよくわからないって言う人がいるんですけど、そういうふうにやるとよくわかるんですね。

古村　やっぱりどこかで当事者性とか、その人のやりたいと思う自発性を押しとどめて切り分けてしまう、今の社会の閉塞感や同調圧力っていうんですかね。そういうのが染みついていますよね。

斎藤　そういうあり方を解体していくっていうのが、自立を取り戻し、自治を取り戻し、コモン型の社会をつくっていくっていうことですね。

古村　小規模多機能自治は、自発的・内発的にはじまったかというと、やっぱり行政が方針を掲げて、多少なりとも予算措置をして進んでいます。その意味では行政主導だし、これで予算を大幅にカットできて、ただ働きを広げられるっていうことだけにとどまると、それは違う目的に変質しちゃう可能性もある。

ただ、行政が旗を振るかどうかによって、動き方は変わってきます。日本人のマインドや、上からつくられて管理されてきた集落から言うと、自治体やその予算をうまく活用するのは当然必要だと思うんですけど、そこに浸かり切って、実は骨抜きにされているっていう状態は、意識しておかなきゃいけないって感じますね。だから行政とは何なのかっていうことも、問い直しの時期に入っている気もします。

大企業と違って中小企業は、経営者と従業員の距離がかなり近いので、コミュニティ的な感じもある。株式会社を維持しつつも、協同労働的に企業経営をやろうというのもあると思うんです。ただ、労働者協同組合法が動き出して、株式会社から労協になりましたとか、NPOからなりましたっていうのは少ない。

一方で、週の勤務日数を減らして、その分新たに労働者協同組合をつくって、本当にやりたいこととか、価値あることをやる、という人たちは結構います。

もうひとつ、自治会から生まれるワーカーズコープも出てきています。自治会は自治会として維持しながら、自治会活動の中にある一部を労働者協同組合で事業にしていくことで、ボランタリーな活動と経済活動をうまくブリッジしてやるっていう使い方です。

だから一足飛びにワーカーズコープが増えて、それ自身の内実とか、あるいは事業として広がっていくだけじゃない、むしろワーカーズコープの外との関係が、変化の起点になっていくっていう感じはありますね。

うちの中でも若い人たちほど、これまでやってきた介護など、安定した収入が見込める事業よりも、環境や気候に関係するいろいろな取り組みなどに関心が高まっている。経営的にはなかなかしんどいように思いますが……。

斎藤　問題は、どのようにしんどくない工夫をするか、ですね。

古村　**お金の出入りの評価だけじゃない、違った評価視点や表現方法をちゃんと考えないといけない**じゃないですか。それはCO_2排出だったり、いろんなことなんですけど。

ワーカーズコープの中で「みんな電力」（※19）に切り替えましょうという取り組みがあり、大体これぐらいCO_2を削減しましたっていうデータが出るようになりました。一方で、廃食油を集めてバイオディーゼル燃料（※20）をつくっている事業所があって。その事業によるCO_2削減率を見たら、もうダントツで多いんですよ。

要するに、電気会社を変えてどれぐらいCO_2削減したかっていうのも、たくさん集まればそれなりだなと思っていたけれども、ダイレクトに事業活動をやる方が、圧倒的に削減量が多いわけですよ。だけど事業所の経営は、収入を1だとすると、支出は1・1とか1・2、場合によっては

1・5になっていて、それはまわりから見ると、なんであんなお金がバサバサ出ていく事業を、いつまでも温存しておくんだっていう評価が出てきちゃう。そこをどう変えるかって、結構難しい課題なんですよね。

斎藤　儲かるのがひとつないと厳しいですよね。

古村　だから今やりはじめたのが、ある地域で廃食油を回収してバイオディーゼル燃料を精製しながら、その周辺で障害者のデイサービスをやっています。その送迎の車にもこの燃料を使っているんですが、このふたつの仕事を別々の事業として経営を見るんじゃなくて、ひとつの地域の事業のまとまりとして収支を見ようっていう評価です。

そう評価することで、一定のエリアで合計した収支はトントンなんですよ。それがわかってきたので、組織的に細かく分けないで、地域を単位に事業をまとめる、つまり地域経営っていうふうに評価の仕方も変えていけたらと思います。

（2023年2月）

対談内注釈

※1 **準則主義**

法律で定めた要件を満たしていれば法人格が付与されることをさす。株式会社や労働者協同組合の設立が、これにあたる。

※2 **人新世**

「じんしんせい」や「ひとしんせい」と読む。人の経済活動などが生態系や地質に大きく影響を与えることになった、新たな地質時代をいう。

※3 **中西五洲**

なかにし・ごしゅう。全日本自由労働組合の委員長として、失業対策事業の縮小・廃止に反対する運動の中で「よい仕事」を提起。「労働者が企業の主人公」になる運動として、労働者協同組合を呼びかけた初代リーダー。日本労働者協同組合連合会（前身の中高年雇用福祉事業団〔ふくむ〕）創立の1979年から92年まで理事長。2013年11月逝去。

※4 **レジリエンス**

回復力や復元力のこと。

※5 **ジェレミー・コービン**

イギリスの労働党元党首。反貧困・反緊縮を訴えて支持を広げた。2019年の総選挙で保守党に敗れた。

※6 ミュニシパリズム
地域主権主義。地方自治体を意味するmunicipalityを語源とする。2022年に東京都杉並区長に就任した岸本聡子さんは、19年、ヨーロッパで広がるミュニシパリズムのことを、「政治参加を選挙による間接民主主義に限定せずに、地域に根付いた自治的な民主主義や合意形成を重視するという考え方」（ウェブサイト「マガジン9」より）と紹介した。

※7 レイドロー
アレクサンダー・フレイザー・レイドロー。カナダの協同組合運動家。1980年の国際協同組合同盟モスクワ大会で「西暦2000年における協同組合」と題する基調報告（通称「レイドロー報告」）を行った。後の日本の協同組合運動に大きな影響を与えた。

※8 関西よつ葉連絡会
関西一円に、安心できる食品や生活雑貨を宅配している団体。1976年に大阪で発足した。

※9 北芝のワーカーズコープ的な動き
大阪府箕面市・萱野地域にて、「暮らしづくりネットワーク北芝」がつなぎ目となり、進められている協働活動。地域の課題を解決するために個人やNPOグループなどが立ち上がり、ネットワークとして機能しながら、地域で暮らす人たちが「出会い・つながり・元気」を求め、「誰もが安心して暮らせるまちをつくりたい」という想いを共有し、知恵を出し合う「暮らしづくり」を推進。その中で「協同労働」的な発想で組織を立ち上げる事例が出ている。

※10 **城南信用金庫**

東京都区部の城南エリアを中心に営業する信用金庫。東日本大震災を契機に、「原発に頼らない安心できる社会」への活動を強める中で、ワーカーズコープ連合会との親交がはじまる。ワーカーズコープの「よい仕事」というコンセプトを取り入れ、各地にある信金とその取引先を集めた「よい仕事おこしフェア」を開催し、「よい仕事おこしネットワーク」を形成。その事務局を務めている。

※11 **モンドラゴン協同組合グループ**

スペインのバスク州モンドラゴンに拠点を置く、労働者協同組合等の集合体。工業、金融、小売りなどの約80の協同組合で構成され、約7万人が就業し、約1・7兆円の事業規模を誇る（2022年度末）。

※12『**ぼくはウーバーで捻挫し、山でシカと闘い、水俣で泣いた**』

斎藤幸平著（KADOKAWA、2022年）。通称〝ウバシカ〟。「想像力欠乏症」を治すため、ウーバーイーツの配達から、釜ケ崎や水俣、福島まで、さまざまな現場に足を運び、考えたことをまとめた。

※13 **オキュパイ・ムーブメント**

オキュパイとは「占拠」の意味。2011年、格差の象徴であるウォール街を占拠しようとの呼びかけが、アメリカの若者たちを中心にSNSで広がった。反格差・反グローバリズムを掲げる運動。

※14 **サンダース旋風**

アメリカ上院議員で民主党左派のバーニー・サンダースが、2016年大統領選において、78歳の最高齢ながら候補指名争いで健闘した。「バーニー旋風」とも。格差是正を訴え続け、若者の支持が厚いとされる。

※15 **ブラック・ライブズ・マター**
2012年にアメリカ・フロリダ州でアフリカ系の少年が射殺された事件をめぐり、加害者に無罪判決が下され、抗議の思いを込め使われるようになった。さらに2020年、ミネソタ州で黒人男性が警察官に殺された事件があり、ネットなどで拡散された。「#BLM運動」とも呼ばれる。

※16 **グレタ・トゥーンベリ**
気候変動の問題を訴えるスウェーデンの環境活動家。高校生のとき、「学校ストライキ」として国会前で座り込んだ。若者たちを中心に支持を集め、「未来のための金曜日」という運動として世界に広がった。ノーベル平和賞候補にも名前があがった。

※17 **#MeToo運動**
性暴力やセクハラをめぐり、「わたしも被害者だ」と訴え、抗議する運動。SNSの投稿に「#MeToo」というハッシュタグを付けたのが由来。2017年、アメリカ・ハリウッドの映画プロデューサーによる性加害が明るみになったことを契機に、世界へ広がった。

※18 **小規模多機能自治**
小学校区などのエリアにおいて、住民はもちろん、そこで活動するさまざまな団体が自主的に組織をつくり、地域課題の解決などに取り組む。新たな住民自治の仕組みとして関心を集めている。

※19 **みんな電力**
株式会社UPDATERによる「顔の見える電力」をうたい文句に展開する事業。太陽光発電や風力発電など全国の再生可能エネルギー発電所と連携することで、消費者が、自分の応援したい発電事業者を自由に選ぶことができる。

※20 **バイオディーゼル燃料**
菜種油やひまわり油、使用済みのてんぷら油などを原材料につくられる、軽油の代替燃料。環境問題が関心を集める中、資源循環型のエネルギーとして注目されている。

対談3

マニュアルから離れ「人間になる」

伊藤亜紗 Asa Ito

古村伸宏 Nobuhiro Furumura

「美」の研究者である伊藤亜紗さんと
はじめてお会いしたのは2020年秋、
「利他」に関する研究会でした。
わたしは以前から著作に触れ、
おもしろい切り口であると同時に、
深い思考に誘われる感覚にしびれていました。
そんな伊藤さんが、協同労働の実践を
どんなさばき方で料理してくれるのか。
いきなり核心を突いた展開となり、
対談相手のわたし自身も
一気に引き込まれてしまいました。

伊藤亜紗(いとう あさ)

1979年生まれ。東京科学大学リベラルアーツ研究教育院、未来社会創成研究院教授。専門は美学と現代アート。主な著作に『目の見えない人は世界をどう見ているのか』(光文社、2015年)、『手の倫理』(講談社、2020年)など。

現場の会議に参加してみたい

伊藤　ワーカーズコープの会議に興味があって、現場の会議に参加してみたいと思っています。会議の本というのはいろいろ出ていて、ハウツー本みたいなものはいっぱいあるんですが、実際みんながどういう会議をしているかは、あまり研究されていません。みんな何となく、会議ってつまらなくて嫌なものだと思っている。でも研究対象としては、すごくおもしろいですよね。

会議には、人間のつまらなさと、おもしろさが集まっている。民主主義的な手続きだという側面はもちろんあるし、それぞれの人が意見を出し合い、みんなで合意する手続きであることは間違いないんですけど、**会議はおもしろい。非合理的なことや理屈で説明できないことがいっぱい起こっている。**１００％合理的な作業だったら、別に集まらなくてもよくて、ターゲットの選択肢や、何を重視するかも、データでＡＩが判断してもいい。

それなのに、合意形成のプロセスに、みんなで集まって、決断するという作業が必要になる。それがすごく非合理的なものをふくんでいて、非合理性がネガティブに働くと、声の大きい人が、みんなの意見をなくしてしまうようなことも起こる。ただ、会議という、すごく不安定な営みの中で、自分たちは何をいちばん大事にする集団なのかという価値の確認も同時にしていると思うんです。最終的な決断の内容そのものと、どうしてそう決断したのかという理由づけがあって、その理由づけの中に、自分たちを再確認する作業がふくまれる。ワーカーズコープは、自分たちで、自分たちを決めるっていう集団だと思うので、会議をどんなふうにやっていらっしゃるのか、すごく大事なんじゃないかと思ったんですよね。

古村　会議はその場だけで成立するのではなく、普段仕事を通して交わされる会話だったり、仕事帰りの立ち話や食事会、飲み会などもあったりした上でだと思います。大事だと言っていながら、わたしたちも、なかなか深め切れていなかったテーマです。

伊藤　やっぱり代表性なんですよね。何かを代表して、みんな来ている。基本的に直接民主主義じゃない限りは、みんな何かを代表して来ているから、その人が見ているものが、人間だけじゃなくて、出来事もふくめて、この組織の中でわたしはここを見て、ここではこんなことが起こっているということを持ち寄っている。そういう意味でも、みんなの視点から見えているわたしたちの姿を共有する場ということにもなりますよね。

さらにおもしろいのは、会議にはふたつのパターンがあって、会議のはじまる前に、自分の考えが決まっている会議と、決まっていない会議があります。決まっていないパターンが多いんです。参加して、何となく考えができてくる。いちばん厄介なのは、その中間で、意見はあるんだけど、理由が不明瞭な会議。たとえば、ダム建設には反対だけど、直感で反対みたいな理由で、議論にならないケースです。しかし、一人ひとりがわたしってこういう意見の持ち主なんだということを発見して、何でこういう意見を持っているかという背景を自分で理解し、自分自身が変わる場所でもあるんですよね。会議はそういう意味でも結構おもしろい。

互いの経験が共鳴する

古村　たしかに、大事な要素だと思います。うちでもそうですけど、会議って、議題があらかじめ用意されていて、そこにはこういう結論にしたいという、うっすらとした目標がある。

だから、その場に参加している人たちが、自分がその場に出ていったときに、思ったことが言えて自分たちで決められるって意識が持てる、いわゆる主権があるかないかはすごく大きな違いだし、その会議の積み重ねの中で、主権のあるなしが、だんだん自覚されてくる。形式的な議題があって、方針があって、何か意見ありませんか、質問ありませんかで決まっちゃうことを何回もやっていると、そもそも主権を感じなくなっていきます。ただ承認するだけの場所になる。議題を誰が用意しているかも重要です。上司や責任の重い人が提案するのが一般的かと思いますが、提案者が議論に必要な情報を出さない姿勢をとり続けると、会議は理解と承認を得ることだけが目的になって、どんどんおもしろくなくなっていく。

そういう会議は結構多い。決まりきった、いつも通りの退屈な報告では意味がない。かといって、今日は何を話し合いましょうか、からはじまる会議も、やりづらい。

伊藤　組織や活動を立ち上げたばかりで気持ちが熱いときは、みんな、ぶつかって解決するという感じだと思いますけど、平常運転になってきたときに、聞こえない声を取り上げて、反映していくような組織や会議にしていくというのがすごく大事です。

古村　形式的であったとしても、どんな意見を出すかということは保障されていたり、何も意見を持っていなかったけれど、いろいろな話を聞くうちに自分自身の意識や考えが形になっていったりすることって、本当はたくさんあるはずです。そのプロセスで、他者の経験と自分の経験が何かうまく共鳴し合ったときに、そうかって気づいたり変わったりすることって、やっぱりあると思います。

伊藤　想像の話になりますけど、ワーカーズコープに関わられる方って、いい意味ですごくバラツキがあるというか、一人ひとりのできることが、全然違う人たちなのかなという気がするんですよ。大きな企業なんかだと、良くも悪くも交換可能な、細かく見ればそんなことないんでしょうけれども、ある程度、均一的に採用された人で会社を毎日運転していく、変わらず運転していくための人材みたいな人たちが基本だと思うんです。でも**ワーカーズコープって、もうちょっとでこぼこなのかなという気がしていて。**そのことが、さっきおっしゃった、主権みたいなこととうまくつながっていく仕組みなのかなと思うんですね。

わたしは今、大学の仲間といっしょに、「利他」の研究（※1）をしているんですけど、八丈島に行って八丈島の人たちと利他研究会をやったんですね。そしたら、八丈島の方が、「利他」って結局「一員である」っていうことだよねとおっしゃったんです。それがもうすごい真理だなと思って。

まさに、一人ひとりのできることが違うっていうことを前提にした、みんなの主権がある状態で、多分、音楽のバンドみたいな、ギターがいてドラムがいてみたいな、何か役割が分かれているんだけど、みんな必要で、八丈島みたいな島だと人も少ないし、資源も少ないし、歴史的にも、食べ物に困っていたという生活が知られてきた場所。何か問題が起こると、その話だったら○○さんに聞くのがいちばんいいんじゃないかということになる。

違いをおもしろくとらえ直す

古村　島ではなくても、人が集えばそれぞれ個性があるわけで、多様な人々がいるという状況はどこでも変わらないと思うんですよね。だけど、協調性を意識しすぎると、他人の目を気にしすぎて、それが同調圧力のようになってしまう傾向は、仕事を考えるときに起こりやすくて、たとえば、ものづくりの仕事だと、製品は均質にしなきゃいけないとか、効率的につくっていかなきゃとかっていう経営的な話が出てくる。すると、個性をおさえるベクトルが強くなり、働く人が個性を出しにくく、周囲の人に合わせる感覚が大きくなる。いくらおもしろい人たちが集まっていても、次第に均一化してしまう。だから、「違うこと」を是とする、違いをおもしろくとらえ直す場の雰囲気を大事にする、それを共通認識として持つことはすごく大事です。

ワーカーズコープでいえば、前史の労働組合の時期は、失業という共通項で集まる人たちの集団で、同質な集まりの雰囲気の方が強かったと思う。みんな失業しているんだから、「仕事の確保を」ということで一致する時期が長くあった。そのうち、自分たちで事業をはじめて、協同組合としてやっていくことになった。一人ひとりが主人公である方が仕事の質は高いはず、という、個人が主人公であることをどう高めるか。そのことを追求しはじめました。

お互いを認め合う、多様性の価値観が出はじめたのは最近の動きです。2000年以降、「ニート」と呼ばれる若者の自立と就労支援に取り組んだのが、ワーカーズコープにとっての転機になりました。障害者の働く場づくりや、生活保護を受けている人や生活困窮者の就労に向けた体験の機会をつくる事業に広がったのです。

効率性や画一性を重視する社会に適応できないって言われていた人たちと、どうやっていっしょに仕事をしていくか。ニートの若者なら、社会の価値観に合わせる支援ではなくて、封印されてきた彼らの個性をもう一回解放し、どういう仕事が向いているかを考えていかなければならない。そうでないと、さっき言われた、交換可能な部品みたいな話だし、働いていてもおもしろくないし、やりがいも感じないだろうという考え方が出てきたんですね。

それとともに、企業につなげるだけじゃなくて、ワーカーズコープのいろんな仕事や職場にその人たちを仲間として迎え入れる取り組みが広がったんです。でもまだ、具体的な取り組みは15年ぐらいだと思うんですよね。だから、どうやったら多様性を尊重して、個性を発揮し合う職場が可能になって実現できるかっていう、ワーカーズコープの特徴を体質化するのは、まだまだ探求途上なんですけど。

でも意識としては、そういうことを心がけながら、職場づくりや仕事づくりをやっていかなきゃいけないという人が増えてきたので、だいぶ雰囲気が変わってきています。

伊藤　「こんなことが仕事になるんだ！」みたいなことも、いっぱい起こっているんでしょうか。

古村　そうですね。たくさんとまではいかないまでも、少しずつ。たとえば、捨てられていた廃食油を集めて、軽油の代わりになる燃料にする仕事とか、農業にまつわる仕事とか。ただ、採算に合わないことも多い。それでも、人がすごく明るくなったり元気になったりする場面をたくさん見てきました。意外と効果を上げているのは、病院清掃の仕事ですね。職場の包容力も大きいですし、清掃の仕事って、分解するとたくさんの業務があるので、人に合わせやすいってこともあるみたいです。

「疲れ」には2種類ある

伊藤　今、自立の過程で明るくなったり、元気になったりっていうお話があったんですけど、何かその逆で、働くっていうことに関して「疲れる」っていうのがあると思います。最近読んだ本で、石岡丈昇さんという社会学者が、『タイミングの社会学』（青土社、2023年）という本の中で、疲れには2種類あると書かれていて、なるほどと思ったんです。その方が、フィリピンのマニラに住んでいる貧困の人たちの時間感覚を分析しているんです。「疲れる」には2種類あって、ひとつは「疲労（tiredness）」、もうひとつは「疲弊（exhaustion）」です。疲労は、引っ越しの準備とか、衣替えとか、具体的な何かをやったから疲れている。今日がんばって疲れましたみたいな理由がある疲れで、かつ作業に終わりがある。

一方、疲弊は、やってもやっても現状が変わらず、無力感を覚えているとか、もう何をすればいいかわからないみたいな疲れです。だから終わりがなくて、何に疲れているかもわからなくなる。

こうやって分類してみると、結構みんな働くことを通じて疲弊していると思うんですよ。疲弊を疲労に変える、というのが良い働きを考える上でのゴールなんじゃないかと思うんです。

石岡さんの例では、フィリピンの貧困地域に住んでいる人が、とにかく行政からタイミングを支配されていて、何のタイミングかっていうと、ひとつは、住んでいる地域からの立ち退きの要求です。立ち退かせるぞという通達が来て、○月○日に強制撤去するから、それまでに立ち退いてという内容で、みんな前日から寝ずに見張るみたいなことをしているんですけど、当日になってもその気配がない。次の日になり、その次の日になり、みんな大丈夫なのかなと思いはじめるわけですよね。そうすると半年ぐらいして、また通達が来て、やるぞって言って、また来ないみたいなことが起こる。そうするとだんだんと、みんな疑心暗鬼になるでしょ。いつ来るかわからないで、結局、急に来て一気に強制撤去されてしまうんですが、何かそういうときにすごく疲弊するということは考えられます。

権力者の様子を常にうかがわなきゃいけない。自分の生活の中で、権力を持っている人たちのちょっとした兆候を読んで、常に緊張していなきゃいけない。どんどん人が疲弊していって、でも権力者はそのことをよくわかっているから、住民たちが完全に無力感を覚えるまでタイミングをずらし続けるという話がありました。多分、そういうことはわたしたちの職場でもいっぱいあると思うんですよ。もはや権力者の具体的な顔すら見えず、「何のためにこれをやっているんだろう」みたいな仕事もいっぱいあると思います。こうなると、人は疲弊します。

でも、ワーカーズコープで自立して明るく元気になるみたいなことがあるとすれば、疲弊ではなく良い疲れをもたらしているんじゃないかなと思いました。

誰のための仕事なんだろう？

古村　うまくいっているワーカーズコープと、うまくいっていないワーカーズコープを評価するのに、すごく重要な視点だなと思って聞いていました。

ワーカーズコープがはじまったころの、みんなが主体的に働きましょうっていうのは、みんなが経営の主体者なんだってこととセットでした。当時、経済界の方の本で、「全社員経営」という言葉が出てくるのを、うちのリーダーが読んでみんなに紹介していました。

株式会社で全社員が経営をするというのは、経営を考えようという意味でのスローガンならわかるけど、構造上あり得るのかということです。裏腹の関係で、ワーカーズコープだったらできるんじゃないかということで、全組合員経営って言いはじめたんですけど、そのときに何がいちばん大事かっていうので、みんなで了解したのは、やっぱり情報の共有だったんですよね。まずみんながちゃんと情報を知っているということ。情報へのアクセス権を持っているっていうことですよね。

情報を知っているかどうかで、物事の決まり方が違うことってあるじゃないですか。情報格差がないことが、みんなで経営することの前提なんですけど、ただ情報を知っているだけではフラットにならないと感じています。情報の多くは事後の記録が多くて、とくに経営情報はそうだと思うんです。未来を考えるために情報を共有するんだったらいいけど、知っていますね、という免罪符的に使われるようになると、かなり悲惨な状況になります。経営の質が問われることになる。さっきおっしゃった、疲労と疲弊の話でいうと、良かったと思うのは、やっぱりワーカーズコープの話し合いって、多くが仕事の意味を考えることがすごく重かったんですよね。

草刈りをやって、それが何分でどれくらいできるか、どれくらい儲かるかっていう意味ではなくて、もうちょっと哲学的な意味です。誰のための仕事なのか、何に貢献する仕事なのかっていうことです。病院清掃の仕事が多かったころ、わたしはまだ20代でした。院内のごみを集めていると、注射針が混ざっていることがありました。うちの組織ではありませんが、その針が刺さって、感染症で亡くなる人が出たりしました。うちでも調査したら、注射針が刺さった経験のある人が結構いました。何とかしなきゃいけないという取り組みを、病院にも呼びかけて、アンケートを取ったりしました。そのときのスローガンが「捨てるごみの向こうに人がいる」。どのくらいの回数、刺さった経験があるのか、どこで刺さったか。職場で話し合って出た結果を病院に提供しました。病院って本当は最も安全性を高めなきゃいけない場所なのに、欠けているところがありました。

働いている人たちの中では、最初は、そんなこと言ったら、病院から余計なこと言うなと、委託を切られるんじゃないかという声も結構あったんですよ。病院という場所のヒエラルキーの問題だと思うんだけど、そういうことを乗り越えながら、病院とも話し合いをしながら改善していったんです。

これはひとつの例ですが、仕事の意味を考えるというのは、結果が良い話ばかりじゃない。自分たちにとっても非常にリスキーだし、社会にとっても、ひょっとしたら悪影響を及ぼしかねないことは、考えれば考えるほど、どんどん思考が広がっていく。さっきの「捨てるごみの向こうに人がいる」というのは、仕事がいろいろつながって社会が成り立っているし、そこに人が関わっているっていうことを、もっとよく考えましょうという呼びかけだったということです。

やっていることの意味がわからないのが疲弊していく大きな理由だとしたら、答えが出なくても、どういう意味があるのかを考えるのは、疲弊を免れていく、重要な要素なんじゃないかな。すぐに結論が出ないし、結論がないかもしれないけど。

もちろん、余計なことを言うなと、委託を打ち切られることはありませんでした。針が刺さってしまい、感染症で死ぬということが実際に起こっていたので、むしろとても大事なことだと評価していただきました。

予測できない、だから話し合う

伊藤　ですよね。緩和医療（※2）に関わる方たちの学会で、講演させていただく機会がありました。そこでしたある話に緩和ケアのみなさんが驚くほど反応してくださっていたのが印象的でした。その話とは、障害を持っている人が、いろんな社会的な制度とどうつき合っているか、という話でした。

障害があると、たとえば外出するにしても、さまざまな社会福祉サービスを利用することになります。そういうサービスが充実していくことは非常に素晴らしいこと、必要なことではあるのですが、一方でそれは、過剰なマニュアル化にもつながります。でも、人の欲望や都合って必ずしもマニュアル通りが正解とは限らないですよね。だから、ちょっと「マニュアルを外れる」ようなことも時には必要になってくる。そんなときは、相手に、「駅員さん」や「案内スタッフ」としてではなく、ひとりの人間として対応してもらわなくてはなりません。やっぱり、目の前に切羽詰まった状況があると、普段マニュアルを頼りにしている人も、とっさに人間になるんですよね。そんな瞬間をどうやって共有するかも、障害とともに生きることの一部だと思います。

緩和ケアって、残り何週間という、そういう死を待っている方たちと関わるお仕事なんですね。とても重い仕事なので、マニュアルがあるんだけれども、やっぱり実感として、マニュアルだけで済まない部分もあるのだそうで。効率とか、訴えられないためにとか、そういう制度的につくられたものの中でしか、もちろん仕事はできないんだけれども、そのルールが足枷になることもある。そこに悩んでいるんだっていうお話をうかがって、なるほどなと思いました。

さっきの話の、**何のために働いているのか、このマニュアルの先には人間がいてっていうことを常に感じていたい、**でもそれが結構難しい「職場」という環境。この葛藤がいっぱいある気がするんです。

古村　たしかに、さっきの針の話も、やっぱりマニュアル化していく方向に行くんですよ。そもそも、一度使った針をごみ箱にそのまま捨てることがなぜ起こるのか。病院側の事情を掘り下げていくと、看護師さんが忙しすぎて、自分が何やっているかわかんない状態の中で起こるんじゃないかという話になる。そうなると、マニュアルの話じゃなくて、勤務体制や安心して働くための人間関係といったところまで関心が広がっていく。さっきおっしゃった「人間になる」ってフレーズ、すごい重要な言葉だと思います。

伊藤　ある全盲の方が、たまたま旅行先で展望台に案内されて、行ってみたらしいんです。そしたらスタッフの人は最初はとてもとまどっていたけれど、だんだん様子がわかって、見えるものをいろいろ言葉で説明してくれたそうです。その全盲の方は、一歩進むごとに説明したいことがあふれてくるその感じがとてもうれしかった、と。まさに、マニュアルの外側に人間が見える瞬間ですね。

古村　学童保育とか子どもに関わる仕事をやっていると、大人を試す子どもたちがいて、いろんな方法で困らせるようなことをする。マニュアルでは解決しない話で、なぜ困らせるのかという、その行動を引き起こしている要因が何かというところに、どんどん下りていく。現場で格闘しながらやっている報告があります。

人類史的に乗り越えてきたことという観点からいうと、今問題になっている人間社会の中の、とくに職場における疲弊という話と、対自然の、いつ何が起こり得るかわからないことに対するわれわれのありようっていうのは、似ているようで、やっぱり違うかなという気がしていて、それがさっきの「人間になる」という言葉と、何かわたしの中でピピッとつながる感じがしたんですよ。

やっぱり、人を人として見るというよりは、生き物とか命として見ないと、マニュアルだけじゃ解決しないことの方が、本来多いはずなのに。自然との関係で予測ができないってことは、結構近い話なんじゃないかと思っています。

予測できないことを、そういうものなんだと感じられる場所としての「話し合いの場」みたいな価値観ができてくると、その人間集団もそうだし、仕事に対してもそうだし、いろんなところでいい意味で影響が出てくる感じがしましたね。

会議の話に戻すと、わからないっていうことの中に、発している言葉はわかるけど、何でそんなことを言うのか、その人の背景とかベースがわからないと、表面の言葉だけを切り取って、わたしといっしょとか、わたしと違うとかって片づいていくじゃないですか。

だから**話し合いって、自分が変化していく場面でもあるし、自分をどうやって表現するかということを経験する場所でもあるし、他人をどう感じ取るかという場所でもある。**いちばん、効率から遠い世界だったりするので、そういうことがすごく大事なんじゃないかと、感覚的にみんな思いはじめている。

ただ、そこにたくさん時間をかけていられないという現実も一方ではあるので、葛藤しているんだろうなって思いますよね。

大工さんの怒りと涙

伊藤　しばらく関わっていた会議の現場があって、それは建築現場なんですね。建築現場は、ワーカーズコープとは多分違うタイプの専門家が集まるんですよね。設計士さん、大工さん、施主さん、行政の人も入ることがあって、いろいろな人が入る。その現場の会議にはじめて入ったときに、ものすごい険悪な雰囲気だったんです。

どういう会議だったのかというと、そのときは設計士さんと大工さんと施主さんが来ていました。設計士さんは、構造計算とかを緻密《ちみつ》にしている数字の人、頭脳の人です。一方の大工さんは、自分の腕で勝負する、体で考える人。だから、言語が全然違うんです。しかも上下関係が明確にあるので、大工さんは下請けとして、与えられた図面の通り、言われた通りにきっちりやるっていうのが、むしろある種の美徳のようなものになっている。でもその設計士さんは、大工さんにも本気を出してほしいと思っていて、もっと主体性を発揮してみんなでつくりたいんだという理想を持っています。それで、大工さんに本気を出させようとしているんだけど、なかなか出してくれない。それが険悪さの原因でした。難しいのは、設計士が本気を出してくれって言って出した本気って、命令を聞いているだけですからね、本気じゃないわけです。だから、どうやったら本当の本気が出るのかっていうので、結局その会議は、ただお互い、何でそんなこと言うんだよっていうのを、ぶつけ合う時間だったんです。

いろいろ不信感を出し合っている中で、施主さんがみんなをまとめようとして、ちょっと変なことを言ったんです。それがちょっとした比喩表現なんですけど。ぼくたちは今サバンナにいる。川が流れていて、あの川を越えたら向こうにジャングルがあって、ジャングルにはぼくたちが見たことのない動物が多分住んでいる。向こうには向こうの仕事の仕方っていうものが多分ある。サバンナの仕事の仕方は、もうみんな知っているから、今度はジャングルに行って、新しい人たちと仕事ができるように、みんなでパワーアップしようみたいな、その一体感を醸《かも》し出しつつチャレンジしようっていうふうに呼びかけをしたんですよね。

結構いい話だと思うんですけど、どうしたのか、大工さんがすごく怒りはじめて、そんな美しいメタファーなんかでは仕事してない！みたいな感じ。怒り出した勢いで、おれは最初にあの図面見たときから、あそこの垂木が25センチなのは、長年の大工の勘からしておかしいと思っていたんだ云々と、自分の職人の感覚で文句を言いはじめたんですよ。

表面的には、設計士さんと大工さんがすごいケンカをしているんだけど、でもそれも目的を果たされていて。お互い本気を出して、いっしょにつくるっていう水平の関係が出てきたのが見えた会議だったんですよね。

そういうことをいろいろ経て、実際に建物ができて、その引き渡しの会議も行ったんですよ。引き渡しのときに、みんなひとりずつ話しましょう、みたいな感じで、大工さんもいるし、設計士もいるんです。

見ると、みんな泣いているんです。感動して泣いていて。大の大人が泣いている。ここまで本気でできる仕事はそうそうないなと思って、感激しました。

でも会議って、たいていは忘れちゃいますよね。どんどん流れていっちゃう。もっと会議の反省って、やってもいいのかなって思いましたね。そうすることで、長期にわたる仕事も俯瞰的に見られるようになるかもしれません。

たとえば、執拗《しつよう》に同じ話をしている人とかいるんですよね。30分前の話題に戻そうとしている人とか。そういう思いが、その場だと消えるけれども、よくよくテープ起こしすると、やっぱり力学が見えてくるところがある。ちゃんと反省をするっていうのは、やってみると結構いいんじゃないかなと思いました。

発言をなかったことにはしない

古村　労働者協同組合法を説明するときに、意見反映というのが重視されています、それは端的に言うと、話し合いをいちばん大事にしますって説明をします。どういう話し合いかというと、意思決定という意味もあるけれども、職場を構成している人たちが、自分が思っていることが言える、他人が思っていることが聞ける。その結果、いろいろな意見が出て、誰の意見を採用するかっていう場合もあるし、折り合いをつけて、どの意見でもないけれども、新たなひとつの結論を導き出すこともありますっていう話をします。

意見が採用されないってことはあるんだけども、それは土に落ちた種みたいなもの。何年かしたら、そういえば、ここに種があって、こういう芽が出てきたみたいな……。発せられた言葉とか意見を、なかったことにしないで、ちょっと取り置くとか、心のどこかにとどめておくみたいなことが、すごく大事なんじゃないかっていうことを言うんですよね。それを実際にどうやれるかっていうのは、簡単なことじゃないなとは思います。

ただ、ときどき出くわすことがあるんです。そういえば去年、こういうこと言ったよねとか、それがふと湧いてくることがやっぱりある。それは、会議の中での聞く所作みたいなことかと思います。

そこがどういう水準にあるかによって、あり方が変わってくる。意見反映というのは、なるべくみんながちゃんと自分の思っていることを言いましょうっていうよりは、聞く力を高めていかないと、意見を言うっていう行為にたどり着けない面があるんじゃないか。意見反映っていうのは、聞くことをみんなが大切にすることだと思うんです。

NHKが「ヒューマンエイジ」という番組をときどきやっていますけど、先日、戦争をテーマに取り上げていました。番組の最後の方に、日本の認定NPOで、和平や紛争地域の取り組みをやっている理事長が出てきました。そこで話されたのは、民族同士の対立で、背景にはアメリカやいろんな国家権力と利権が絡んでいるということがあるんだけど、その紛争を解決するためのいちばん有効な手段は、対立する当事者たちが、共通の利益は何かっていうことを見つけ出すことだと。競い合っているより、共通の利益をいっしょになって協力し合って追求していった方が、効果が高いんだっていうことを実証するのが、いちばんの和平の手段だって言われていたんです。

その話を聞いて、まさに協同組合と同じで、組合員共通の利益っていう話じゃないか、と思ったんです。問題はどうやってそこまでたどり着くか、という対話の問題。話し合いをするときに、みんなが意識しなきゃいけないことだと思います。

大工さんの話は、結局プライドですよね。それぞれの誇りを大切にする。どういうふうにやるか、まだ明確に見えているわけではないんだけど……。好き嫌いはいろんなものがあるので、単純にはいかないとは思うんですけど、誇りって個性の側面と、紛争の話みたいに違う誇りを持った人同士が、共通の利益を得るとはどういうことなのか？を考えることからはじまるような気がしますね。多分、いい家ができたっていうことにたどり着けたから、いつもと違う苦労も報われて、いろんな感情が複雑に入りまじって泣いたんじゃないかという感じもするんですけどね。

伊藤　その大工さん、泣きながら、何ておっしゃっていたかっていうと、「自分は絶対謝りたくないけど、ごめんなさい」って。屁理屈にもなってないけど、謝るしかないって。

この世に「絶対」はない

古村　小学校のときのことを思い出しました。遊びや行事なんかはいろいろ覚えているけど、授業のことはあまり覚えていないですよね。でも、担任の先生が言ったことって、キーワードとしていくつか覚えていて、「この世の中に絶対はないんだ」という言葉は、強烈に覚えているんですよ。自分にしっくりきました。じゃあ、何で絶対って言葉があるんだろうという矛盾も感じたんですけどね。

伊藤　同僚の国際政治学者が教えてくれた話を思い出しました。国内政治と国際政治の違いは、絶対的な正しさがないことだと。国内政治だと憲法があるけれど、国際政治はひたすら相対的な価値の対立になる。国連のような機関があるとしても、それは上に立つものとしては機能していないですよね。やり合いながら、共通の利益を探っていくしかない。シビアだけど、より現実的なやり取りで、実は日々の生活にも近い気がします。

古村　最近は、ワーカーズコープを別の角度から理解してもらうのに、中村哲さんの映画（『医師中村哲の仕事・働くということ』）を、日本電波ニュース社さんに協力いただいてつくって、上映運動をしています。中村哲さんは医者でありながら、用水路を引いて、生きる土台を取り戻す取り組みをされてきた方。その働きにフォーカスをしているんです。

アフガニスタンという、国際的にいろんな力が入り乱れてぐちゃぐちゃになっている地域で、いちばん肝心の住民同士が武装し、干ばつによる健康被害が起こっている中で、水を引いて、農産物を育てて食べられるようになるというのを共通の利益としてやっていく。だから、武器を捨てて用水路づくりの手伝いに、人がぱっと集まってきた。先ほどの話とすごくつながりましたね。

厚生労働省が出している『厚生労働』という月刊の広報誌があるんですけど、ワーカーズコープの特集をまとめた編集スタッフが、編集後記でおもしろいことを書いているんです。最初は全然イメージが湧かなかったけれど、**労働者協同組合は、たとえればビートルズやクイーンみたいだと。普段はもうガチャガチャケンカして仲が悪かったりするんだけど、舞台に立ったら素晴らしい演奏をして、それでOKみたいな。**それが協同労働というふうに思ったっていう。福祉的なことをやっていると、あんまりこういうふうに思えないというか。やっぱりプロセスが大事だって、真面目にとらえそうですよね。でもさっきの大工さんと設計士さんのケンカも、まさにこんな感じじゃないですか。間違いなくかっこいいですよね。

伊藤　家をつくるっていう、物理的な成果物があるから、逆にはっきりぶつかれるのかな。センチ単位でぶつかれるっていう。やっぱり成長したいっていう気持ちがあると疲れないですよね。やれるっていう可能性があるから、新しいやり方も、可能性を感じて取り組める。そういう意味でのプライドがないと、できないことでもある。

無理に理解しようとしなくてもいい

古村　安心してぶつかれるっていうんですかね。ぶつかることをなるべく遠ざけたいと思う人の方が多いと思うんですよね。それでもなおぶつかるのは、守らなきゃいけないときに、やっぱり強くなる気がするので。

生活困窮者の制度がはじまったときの研修の資料の中に、日本福祉大学の学長をやられている、原田正樹先生（※3）の言葉がありました。共感が大事だっていうけど、共感というのは排除と裏腹の関係にあると。生活困窮している人を、社会的に包摂するとか、その人の気持ちになって考えるっていうのは、考え方としてはいいけれども、そんなに簡単な話じゃないし、そんなきれいごとじゃいかないんだと。共感じゃなくて共存ということを大事にすべきだっておっしゃっていて、すごくストンと落ちたんですよね。

食べ物でも、食べてみて、好きとか嫌いとか、おいしいとかおいしくないってあるじゃないですか。自分が食べておいしくないものは、世の中からなくなっていいっていう、排除までいってしまったら、すごく怖い世界が生まれてくるじゃないですか。

積極的に一致団結して、ともに生きていきましょうというのは、昭和までの時代や社会運動も、何となく全部そういうロジックだったように思いますけど、団結がほどけたときに、共感から共存という価値観へ転換していくっていうのは、ちょっと横にスライドするようなことなのかもしれないけど、でも本質的にはだいぶ違う変化じゃないかなと思うんですよね。

伊藤　これは障害関連の、とくに文化がからむようなことだと思います。共生社会というキーワードを国が立ち上げて、それが文化行政に下りてきています。共生社会をテーマにしたシンポジウムが開かれたりすると、よく、いろいろな人種や年齢の人が手をつないで輪になっているイラストを見かけます。一見仲が良さそうなのですが、特定の価値を共有して「団結」しているようにも見えます。その価値を共有しない人は排除しようという力学に一瞬で転じてしまう危うさを感じます。

必要なのは、価値を共有していなくても共存できるという意味での「共棲」ですよね。

文化の世界だと、3F（※4）批判という考え方があります。相互理解っていうと、必ずフードとファッションとフェスティバルになるんですよね。民族衣装を着たり、その国の食べ物を食べたり。たとえば民族音楽は、そういう場所では歓迎されるけれども、日常の中で民族音楽を聴いているかというと、別に聴いていないわけですよ。間違ったイメージが根づくだけなので、文化を変に使うのをやめようみたいな批判があったりします。

なるべく自分の言葉で語ってみる

古村　ちょっとずれちゃうんですけど、さっきの共存もそうだし、ともに棲むみたいな話は、自然環境の中における人間という生き物の生きてきたストーリーから、あまりにも逸脱しているということです。いろんな生き物のバランス、それこそ多種多様な個性が、いっしょにいることでひとつの秩序というか、持続性を保っている。これをずっと壊し続けてきて、**いろんな命を踏み台にして、人間の社会を謳歌することが、結果的に人間の社会における、いろんな人を画一的に見たりすることを、ずっと強めてきたんじゃないか**っていう感じがすごくしています。

福岡伸一さんの動的平衡と、ピュシス（自然）とロゴス（論理）という話（※5）や、先ほどのマニュアルの話も、人間の社会という秩序を保つために、法律とかルールをつくってきているけど、実は必ずしも人々にとって心地良いわけではないし、閉じた人間社会の都合でしかない。

一人ひとりの中に、ピュシス的な要素があるので、すべてのピュシスを封じ込んで、ロゴスですべてを固めるということの持っている息苦しさみたいなものが、いろんな形で出ているんじゃないかと思います。話し合いという場所も、冒頭に話したような、議題があって、周到に準備されてというような、ロゴス的なルールでやっていけばいくほど、やっぱり息苦しくなる要素があるんじゃないかと思います。

だから、今日話したいことからはじめる話し合いというのは、相当ピュシス的な感じがしているんです。話し合いだけじゃないんでしょうね。子どもたちが自分自身について理解を深めるための当事者研究がありますが、大人がやるのとはまた違って、子どもの話し合いって、映画になったりしているし、うちの現場の中でも、ちょくちょく子どもの話し合いってやっているんです。

みんながルールをつくって、みんなで守るための話し合いみたいな方向に、どうしても行きがちなんですけど、自分が思っていることを自由に言っていいとか、なかなか言葉にできなかったりするので、なるべく自分の言葉で語ってみるとか、そんな子ども同士の折り合いのつけ方みたいなものとしての話し合いをやるだけでも、だいぶ違うんじゃないかなという気がします。

伊藤　子どもの話し合いって、進化しているんですかね。最近どんな話し合いをしているのでしょうか。

古村　子どもの会議だと言いつつも、議論が脱線しないように、大人が外堀を守っているっていう雰囲気があります。わたしは自分の体験からも、大人が一切介在しない世界で、失敗もふくめてやった方が絶対いいという気はしているんです。子どもの世界は、無防備に暴力的なこととか、ちょっと危ないことだって当然起こり得ると思うんですけど。

でもやっぱり大人が外堀を埋めてしまうよりは、むしろそういう失敗があった方が、健全に育っていくような気がしてならない。話し合いって深いですよね。自分を表現するとか、他人の表現を理解することの難しさ。簡単ではないのはわかるけど、どんどん難しくなっている感じがします。

弱さや足らなさを自覚する

伊藤　最近の学生には、生まれてこない方が良かったという、反出生主義的なマインドを持っている学生がかなり多いです。

研究室の学生で、それをどうやって乗り越えられるかという研究をしている修士の学生がいます。生まれてこなければよかったっていう言説に対する、よくある反応って、人生には価値があって、有意義であるっていうものなんですね。でもその学生は、そのことに違和感を感じていて、違う反論の仕方をさぐっています。

そこで学生が参照したのは、エミール・シオラン（※6）という文学者でした。ルーマニアに生まれてフランスで執筆活動した人で、シオランは若いころお母さんに、あなたなんて産まなければよかったって言われたんですよね。普通なら傷つきそうな言葉ですが、シオランはむしろそれを解放の言葉と受け取っているんですよね。おれはいなくてもよかったんだ、そしたら何をやってもいいや、みたいに思ったというんです。

シオランの考えからは離れますが、自然って結構そういう感じがしていて。自然って人間に関心がないですよね。意味がないっていうか、その先に何かゴールがあって、そこに向かっているわけじゃなくて、よくわからないけど、すごい雷落としてみたり、台風を発生させてみたり、地震を起こしてみたり、すごく美しい夕焼けを出してみたりとか、そういう、意味がなくて、ただただ生成変化みたいなもの。ある種すごい絶望を持っている気がするんですよね、自然って。でもだからこそ、ほっとするっていう。

それこそ八丈島みたいな、もう大海原の中にポツンという島だと、風はすごいし、雨が降れば容赦ない。でもだからこそ、自然が勝手にやっていてくれる気楽さみたいなもの、どうせかなわないから、という解放感もあるような気もします。

古村 そういう意味でも、**「話し合う」って、離して合わせるみたいな側面がありますよね。**くっつこうと無理しないで、一度離れてみることで、自分の存在も他者の存在も見えてくる。「生き物」としての人間性は、弱さや足らなさを自覚することからはじまって、それは強くなるとか、支配する力をつけていくんじゃなくて、自然と折り合ったり、命の折り合いにも目を向けていくことが、身近な生きづらさを解消したり、ともに生きていくという共存の関係性を自覚し直す。小さな言葉のやり取りから、音や風やにおいを五感で感じ合う会議を広げていけたらと思いますね。話し合いが、大きな世界観や社会観の礎につながっていくという、ささやかな日々の営みですね。

日本人の八百万《やおよろず》の神という精神性は、畏怖と尊敬がまぜ合わさっていると感じます。やっぱり、感じることを取り戻す、という時間と空間の積み重ねが大事ですね。

（2022年10月）

対談内注釈

※1「利他」の研究

東京科学大学未来社会創成研究院未来の人類研究センターは、「利他」をめぐる研究成果を公表するほか、利他の可能性などを議論する「利他学会議」を開いている。

※2 緩和医療

緩和ケアともいう。がんなどの生命に関わる病気の治療において、患者本人の心身の苦痛をやわらげながら、家族もふくめたQOL（クオリティー・オブ・ライフ、「生活の質」のこと）を改善していく。

※3 原田正樹先生

日本福祉大学学長。専門は福祉教育論や地域福祉論。共編著に『伴走型支援　新しい支援と社会のカタチ』（有斐閣、2021年）などがある。

※4 3F

文化の特徴は、3つのF（Food＝料理、Fashion＝衣服、Festival＝祭りやイベント）にあらわれやすいとされ、国際交流や異文化理解の現場で使われる。

※5 **福岡伸一さんの話**

生物学者の福岡伸一は生命とは、絶え間なく動き、入れ替わりながらも全体として恒常性が保たれていることであるとし、これを「動的平衡」という言葉で表した。

また、人間という生物は、言葉、論理、構造などを意味する「ロゴス」と、対極の概念で生命そのものの広がり、自然のありのままの姿を意味する「ピュシス」との間を揺れ動き続けると表現している。著書に『新版　動的平衡ダイアローグ　9人の先駆者と織りなす「知の対話集」』（小学館、2024年）など。

※6 **エミール・シオラン**

ルーマニア出身の作家、思想家。著書に金井裕訳『ルーマニアの変容』（法政大学出版局、2013年）など。

対談4

コミュニティの境目を「はたらき」がつないでいく

藤原辰史

Tatsushi Fujihara

Nobuhiro Furumura

古村伸宏

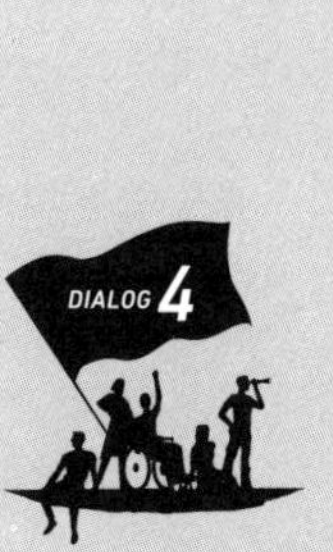

藤原さんと親しくさせて
いただくようになってから、まだ日は浅い。
それにも関わらず、常に共鳴し合い、
心地良い対話の空間に酔いしれる。
繰り出される著書も、思い悩んでいることに響く
タイムリーなものが多い。
今回の対談も、異なるテーマが水脈のようにつながり、
ラディカルでアクティブなワクワクする
未来志向の時間となりました。

藤原辰史（ふじはら　たつし）

1976年生まれ。京都大学人文科学研究所准教授。専門は農業史と環境史。京都大学総合人間学部卒業。京都大学人間・環境学研究科中途退学。主な著作に『ナチスのキッチン』（水声社、2012年、河合隼雄学芸賞を受賞）、『分解の哲学』（青土社、2019年、サントリー学芸賞を受賞）、『縁食論』（ミシマ社、2020年）など。

掃除の仕事から、見えてくること

古村　労働者協同組合は「株式会社」とあまりにも違う仕組みなので、理解するのが難しいという声にたびたび出会います。

わたしたちがやってきた活動は、労働者協同組合法として規定され、2022年10月から施行されました。少しずつマスコミにも取り上げてもらえるようになり、厚生労働省ががんばって、フォーラムやポータルサイトなどでも紹介してくれて、知られはじめています。でも、まだまだ関心を持っている人は少ないし、どんな団体か、あまり伝わっていません。多くの人に関心を持ってもらうには、すでに関心を持っていただいている方に深く理解していただき、ほかの人たちにも伝え広げる役割を果たしてほしいと思います。

藤原さんには、労働者協同組合の活動がどのように見えているのか、詳しく知りたいと思いました。藤原さんの『分解の哲学　腐敗と発酵をめぐる思考』（※1）も読ませていただき、何かつながるものを感じました。

わたしたちの団体の事業は、当初病院などの掃除の仕事が多かった。今もずっと続いていて、世間受けする仕事とは決して言えないです。

藤原　以前うかがった、医療機関での清掃業務のことや、そこでの「針の話」が、すごく印象に残っています。

古村　多くの病院清掃の現場で、捨てるごみの中に注射針が混ざっていて、それを減らす取り組みを病院といっしょに進めた話ですね。命を守る現場で、命を脅かす環境があってはならないということから、「捨てるごみの向こうに人がいる」というコンセプトが生まれ、清掃という仕事の価値を問う取り組みになりました。1980年代後半の取り組みですが。

当時の思いは今も引き継がれていて、毎年掃除の現場や草刈りの現場といった、いわば裏方的な仕事のコンテストをやっているんですが、こうした業種の中から「よい仕事」をキーワードに探求しているんです。**仕事を効率良くするだけでなく、仕事と人との関係の意味や価値も表現したい**と思っています。

掃除の仕事は、いろんな経歴や苦しい経験をした、多様な人たちが集まってきます。まわりからは決してリスペクトされる仕事とは思われていないのに、誇りを持って働いている。それが競い合いになってこじれることもあるけど、人間的な支え合いを醸し出し、包摂力を感じる職場が多い。

何だか不思議な関係や空間をつくり出すように思っています。そこから、そもそも人間にとって働くって何だろうか、ということまで追求したくなります。

藤原さんのお話の中から、強引にでも、協同労働の働き方につながる視点をとらえられないか、考えられないか、と思っています。

藤原　哲学まで行くということですね。すごいです。そうなりたいですね。

古村　1998年にNPO法（※2）が施行されました。このときに比べると、労働者協同組合に対する熱が一気に上がったという実感は薄いんですが、都道府県や自治体のレベルでは関心が高まってきています。都道府県が主催するフォーラムも増えてきています。

労働者協同組合法は厚生労働省が管轄していますが、事業分野が限定されていない、どんな仕事をやっても非営利ならいいという法律なので、いろいろな事業に取り組みやすい。さまざまな省庁の政策にも関係してくるので、自治体では庁内のいろいろな課の人に集まってもらって勉強会をやるとか、住民向けにアプローチするとか、積極的に動き出しているところが増えてきました。法律施行から1年たった時点で、59法人が設立・登記されたという状況です。

公共の分野では、基礎自治体（※3）がどう使うかっていうことも、楽しみです。広島市、京丹後市、つくば市の3つが予算措置をして、立ち上げ資金の支援をしています。行政もわたしたちワーカーズコープもいっしょに、広く周知するところから、立ち上げたい人たちへの個別サポートまで、伴走型で進めていきます。何に関心を持ってもらって、どんなふうに設立するのか。どのように運営して、何に取り組むことで事業を育てていくのか。すべてこれからです。

藤原　それは公的な仕事でないといけないのですか？

古村　いえ、事業領域は制限されません。持続可能な地域づくりを目的にしていれば、人材派遣以外はどんな事業でも労働者協同組合はできます。多くの場合は公益に資する地域の課題解決や魅力づくりを仕事にするということです。

藤原　やることは、何でもいい。必ずしも、公共のために役立つものとは限らないということですか？

古村　地域で必要とされている仕事だというだけでなく、自分たちがやりたい仕事であり、働く機会をつくることでもあります。さらに、住民の主体性や自発性を引き出したり高めたりするのが重要なので、自治の推進にもつながる仕事なのです。

藤原　そこが補助金を出す根拠だけど、基本はフリーですよってことですね。そこが大事なポイントです。

古村　これからの新しいコミュニティづくりと仕事づくりをいっしょにやりましょうという感じです。どんな分野の仕事が飛び出すか、よくわかりません。法制化以前から活動しているワーカーズコープでも、これまでやってきたケアの領域（子育て支援、高齢者介護、障害者の自立支援など）だけではなく、農村とか地方の地域などの、少子高齢化と人口減少が厳しい状況の中で、どうやってもう一度地域の活力を取り戻そうかという話が多いですね。

誰にでも開かれている

藤原　何か事業を起こしたいというときに、わたしたちの心の動きとして、すぐ株式会社化を思い浮かべる。株式会社なら、すごいお金がいるんじゃないか、という気がします。それに対して労働者協同組合は、わりあいカジュアルに、株式会社的なことをしなくても、生きていける手段を求めていく方法として出てきたんだなっていう感じがするんです。株主への説明責任の必要もなく、働いてる人たちのお互いの協同の理解で成り立つ。

わたしの考えが間違っていたら訂正してくださいね。すごくカジュアルな事業起こしが、地域起こしや子ども食堂などにつながっているんじゃないかなと思うんですが、そんな理解でもいいですか?

古村　そうですね。もうひとつ大切なのは、フラットというコンセプトです。株式会社なら、株をたくさん持っている人は、株の持ち分だけ意見が強くなるんですよね。でも協同組合では、権限はひとり一票という考え方です。出資数に応じて、権限が大きくなるわけではありません。

ただ、協同組合であったとしても、組織が大きくなったり、事業が膨らんできたりしてくると、ガバナンスや組織内のマネジメントのあり方によっては、やっぱり権力というものが実際には問題になってきます。

藤原　大きくなりすぎると問題が起こります。

古村　だからひとり一票と言いながらも、役職によって実質的な権限が変わってくる。ただ農協とか生協などは実質的な事業を行っているのは、実は組合員じゃなくて組合員の意を受けて担ってる職員という集団なので、構造的にちょっとワーカーズコープと事業の成り立ちが違うんですが、これはマネジメントのあり方が違うということだと思います。

藤原　ワーカーズコープは、組合員=職員ですね。

古村　そうです。そこが構造的に企業やほかの協同組合と違うんです。なので、フラットでカジュアルなんです。

藤原　フラットでカジュアル、あぁいいですね。

古村　とくにフラットっていうのを形式的な、たとえば法律でこう定義しているとか定款でこう定めているっていうことだけではなくて、みんなが実質的にフラットだなと思える状態をつくらないと、うまく機能しません。

藤原　なるほど。わたしの知人が、障害者の人といっしょにワーカーズコープをつくるんだって言ってまして、もうすぐ申請するらしいんです。今度会いに来るって言っています。ふたりでつくるって言ってますが、ふたりでも大丈夫ですか?

古村　いや、設立に必要な人数は最低3人です(笑)。

藤原　とにかく、意外に身近なところにいるので、驚きです。

今までの歴史から言うと、事業をやるために企業体になる。そこには入場制限があったと思うんです。最近、**政治、企業体、事業体など、近現代の歴史のキーワードって、入場制限じゃないか**と思うようになりました。

政治の入場制限を例にすると、18世紀のヨーロッパだと財産と教養なんです。啓蒙主義時代以来ほぼ男で、性も決まっていた。つまり土地を持っていて、自然と収入が入ってきて、ちょっとマネジメントするだけで、あとは暇。暇な人が、しっかり頭でものを考えて政治に参加できる。そういう形で入場制限があった時代が、ずっと続いていたんです。

それから大衆による政治の時代になって、入場制限が緩和されはじめました。まず、19世紀中ごろに奴隷が解放されて、20世紀になると参政権を持つ女性も増えてきました。財産と教養がほとんど問われなくなって、大衆民主主義が広まっていきます。

しかしそれには実は弊害もあった。政治に入場者がものすごく増えちゃったせいで、政治が大衆の気分に流されるようになった。それがいわば、大衆民主主義の成れの果てであるファシズムとか、ナチズムをもたらした。しかもそのファシズムやナチズムは、実は入場制限をしていて、まずその対象は障害者ですよね。

古村　ナチズムの標的は、まず障害者ですか。

藤原　「健康な人」っていう入場制限をナチスは設けてしまった。とくに心が健康な人しか入場できない。精神の病を抱えている人は、断種の対象になったり。とくに恐ろしいのは、ナチスが、前衛芸術を精神的かつ肉体的な「退廃」と結びつけることなんですよ。前衛芸術はこれまでの芸術と異なり、不調和や歪みなどを重視するが、これはまさに前衛芸術家が病んでいるからだ、と言う。ナチスは、精神的にも肉体的にも「健康」であることしか望まない。財産もいらない、教養もいらない、だけど健康で、アーリア人種であれば、どんなに貧しくても国民として尊重する、というふうに入場制限したんですね。

ファシズムやナチズムの台頭というショックの後、立ち上がってきた戦後民主主義の時代をわたしたちは生きているんだけど、そこでもずっと排除されてきたのは、まさに障害者の方とか、ヘイトスピーチに見られるようなレイシズムの問題とか……。そういう形で、フラットな組織、フラットな公共空間はいまだに果たされていない、わたしたちの未完のプロジェクトだと思うんですよね。

ワーカーズコープって、理念上はフラットで、誰が入ってきてもいい事業体。その誰でも入ってきてもいいという状況の中で、改めて「協同する」ことを考えてみましょう、という組織のあり方は、なかなか実現するのが難しい。

一人ひとりから立ち上げる自治

藤原　教養と財産しか認められなかったとき、労働者は排除されたわけです。でも実は労働の現場こそ、というか農場とか工場とかで働いている人たちの現場こそいろんな政治的課題が出てきていた。すごくリアルな社会改革の可能性がそこで見えていたのに、そういう人たちは排除されてきた。そういう人たちが事業体の中心にいるということは、歴史上何回かポコポコッと出てきたんだけど、実現されてこなかったって、わたしは考えています。

それはたとえば、第一次世界大戦が終わった後のイタリアで、労働者が企業を自主管理するっていう、アントニオ・グラムシ（※4）たちがやった運動とも近いですよね。その波が今、何回目かわかりませんけど、出てきている感じがしますよね。

古村　今おっしゃった話は、職場をどうやってみんなの場所にするのか、そこにいる人たち誰もが、そこに居ていい場所にどうしたらできるかっていうことですね。だから、**どうやったら職場をコミュニティと呼べるような場所にできるか、**が大きなテーマです。

藤原　職場って言葉の意味自体を転覆させようというわけですね。

古村　労働者協同組合という仕組みは、職場で働く人がいて、それぞれ個性も能力も違うけれども、それを組み合わせて仕事をやる。それは物をつくる場合もあるし、サービスを提供する仕事もありますけど、いずれにしても仕事を生み出すわけです。一方で仕事を受け取る人たちもいるじゃないですか。なので、閉ざされた職場だけが平穏というか、フラットな場所で終わるんじゃなくて、職場がそういう場所だからこそ生み出せる仕事の質があって、そういう仕事の質が受け取る側にも伝わり、漏れ出していく。

そういう中で、今おっしゃった入場制限みたいな、居ていい人・居ちゃだめな人、入っていい人、だめな人みたいなことではない、そういう地域コミュニティはどんなものだろうかという問いにも、仕事を通じて好影響を及ぼしていくはずです。

藤原　労働と話し合いって、この歴史上一度もうまく幸せな結婚をしたことがないわけですよね。働いていると時間がないので、政治のことを考えられないし、人といっしょに考えるのも難しい。コミュニティを外へ開くってことも水と油で、ずっと今まで幸せなドレッシングができてこなかったと思うんです。

でも古村さんの野望はおそらく、歴史的に合わなかったふたつのS極とN極をちょっと混ぜてみようかっていう危険な試みですね。すごい矛盾！　西田幾多郎（※5）みたいな話ですね。伊藤亜紗さん（101ページから対談を掲載）がお書きになっているような世界で、不穏さをどう手なずけ、楽しみにするか、ということでもありますね。

古村　そうですね。たとえば、この協同労働をどのように地域に取り込むのか考えているところって、実は山陰地方の自治体が多いように思うんです。

たとえば、京都府の京丹後市は新たなコミュニティづくりに数年前から取り組まれているんですが、この話はもともと島根が出所で、小規模多機能自治（99ページの※18参照）という「平成の大合併」で広域化した課題を、住民自身の自治を高める中で解決していこうという議論の中から出てきました。

藤原　そうなんですか？　なぜだ？　わたしのふるさと（※6）です。

古村　もう行政が何でもやってあげるということが、財政的にも、パワー的にもできなくなってきた。それでもう一回住民同士の助け合いを見直す。すると小規模だけども、いろんな機能が見つかる。

たとえば自治会があって、消防団があって、子ども会があって、いろんな地域組織が全部バラバラにあるんだけど、よく見てみると全部役員が同じじゃないか。これらをひとつにまとめる地域運営組織について、農林水産省や総務省ではよく議論されています。これを住民自身が運営していくことを、島根では先進的に推進しています。新しいコミュニティづくりです。
京丹後市はそれを追ってやっています。従来の自治会は、会費を集めて、基本的に無償のボランタリーな仕事として、役員がやったり、住民が参加してやったりする。でもそれでは限界がある。やっぱりちゃんと仕事として位置づけないと、誰も役員をやりたがらない。だから儲けてやろうって話じゃないんだけれども……。地域の中で何か助けてもらう人にとっても、ただでやってもらうのも居心地が悪いという声もあって。地域運営を、コミュニティづくりのための仕事という視点で組織化していくことが重要なテーマになってきました。地域づくりの仕事をやる組織を考えていくというのが、協同労働活用のコンセプトなんです。
島根県雲南市が小規模多機能自治をはじめたときから、説明資料にずっと書いてあるのは、一世帯一票じゃなくて、ひとり一票でこの地域運営組織はやるんですということです。

藤原　いやぁ、それは民主的ですね。

古村　そのスローガンを見て、まさに協同組合だなと思っていたんです。京丹後市では、ある自治会でいろいろ話を聞かせてもらっています。3、4年前にアンケート調査をやられたのですが、以前は、世帯アンケートだったんです。個人ではなく。

藤原　家族単位の生活でなくなっているのに。

古村　それで中学生以上の全員からアンケートを取ろうということになって、やってみたら、1000件近く集まったんです。それまでは300件程度ということで、3倍以上の声が集まったんです。

藤原　先駆的ですね。

古村　役員の人たちがわりと若い方なので、そこはすごく条件が整っていたと思います。これまで役員会は、おじいさん、つまり男が中心でした。今回アンケートで出てきた、地域の課題や、反対にもっと守ったり、伸ばしていきたい地域の良さなどは、これまで一回も役員会で話題にならなかったことなんですって。

藤原　今まで話題にならなかったことが、出てきちゃった！

古村　それを象徴するのは女性と子どもの声なんですよね。今いっしょになって、この声をどうしようかって話し合っています。

自治会と連携しながら、地域のための仕事づくりにつなげる方法はないのか。たとえば、ある地域の自治会では、過去に1回ワークショップをやっているんです。これを本格的にやろうということで、女性と中高生が集まれる曜日と時間帯を選んで、5回ぐらいのシリーズで2022年10月からはじめました。

やっていくと、事業計画として完成させるまではいかなくても、どうやったら課題解決ができるか、良さを伸ばしていけるのか、青写真ぐらいまではつくることができました。その後、これを誰がやるかっていう話を持ちかけようと思っています。そしたらワークショップに参加した人たちは、わたしたちが考えたんだから、一肌脱がなきゃというふうになるだろうと。そこからワーカーズコープをつくろうという思惑です。

よく言われる、地域に担い手がいないっていう話は、フルタイムの週40時間やる人材はたしかにいないかもしれない。だけど、完全に専業で主婦業をやっている女性もいるし、働いているっていってもパートで一日4時間ぐらいという人もいるし、週3日ぐらいの人もいる。高校生たちも、バイトをやっている子はお金が欲しいからやっているんだけれども、同じ時給だったら、地域でアルバイトする方がおもしろいと言ってくれる子もいるはず。中学生は、さすがに児童労働になるから、お金ではなく現物支給か地域通貨がいいねって話し合っていて。

藤原　なるほどね。それなら地域は盛り上がりますよね。

古村　なので、**女性と子どもの入場制限を解いて、地域をどうしていくか。**この仕組みを投げかけたことで、みんなが参加して楽しむ地域づくりを妄想しています。

山陰からの逆襲

古村　もうひとつ気にかけているのは、地域活動を、地域の自治会ごとに分断しないということです。たとえば、地域の高校生が働いてくれて、その友だちの隣の自治会の高校生もいっしょに働きたいと言ってきたら、別に入ることに問題ないですよね？　逆に、隣のコミュニティから求められる仕事もやっていい。お互いに自治会を超えて、仕事でつながっていけばいい。

藤原　だって、役場と関係ないですもんね。

古村　ということは、この仕事集団はコミュニティ発で、これ自身をコミュニティ化していくんですけど、コミュニティ同士の間の分断の関係をつないでいくかすがいのような存在にもなり得る。ちょっと野望っぽいんですけど……。

藤原　いや、ついに逆襲ですか。

少子化、高齢化で地域産業がすごく弱くなってきて、みんなどんどん都会に惹かれている中で、裏日本と言われ続けてきた非新幹線沿線地域の人たちが、今起こそうとしていることは、日本の未来じゃないですか。そこで起こってきた問題を、ものすごく新しい方法で逆襲しはじめるってイメージがありますね。

それは入場制限で、とくにずっと政治から外に置かれてきた女性たちと子どもたちですよね。そういった人たちも入れて逆襲しているところ、逆襲って言い方は悪いかもしれませんが……。実はわたしもこの前、島根県の津和野で体験したんです。津和野と言えば津和野藩。津和野藩は森鷗外を生み、西周（※7）を生み、まさに明治の日本の近代化を支えた人たちを生んだ地です。人をつくることを何よりも大事にしていた藩でした。藩校がちゃんとあって、その藩校で生み出す連綿とした地域の知の蓄積があるんです。

その津和野の「青原公民館」から講演依頼があったんです。本当に小さな公民館で、声をかけてくださったのは、移住してきた方だったんです。女性の方です。わたしの本を読んで、深く共感したから、ぜひ来てくださいと言ってくださって。

どんなテーマですか、って聞いたら、ナチスのことをしゃべってくれって言うんです。「公民館」と「ナチスの話」が、わたしの中で全然つながらなかった。わたしだったら、たとえば食を通じた地域起こしとか、いくらでもネタがあるのに、それを全部排除して、彼女はとにかく今、藤原さんがいちばん研究している大本のナチズムの問題を、地域の人たちに話してほしいとおっしゃる。

わたしのような危険人物が、そんな危険なテーマでやったら、絶対地域の保守的な人が引きますよ、テーマを変えた方がいいのでは、と聞いたんです。そしたら何が起こったか？　本当にこの話では人が集まらないよ、という意見も出てきた。えらいこっちゃってなったんです。でも、その青原公民館の人はとにかくナチスの話をしてほしい、と。たまたま、その地域のトップが女性だったってこともあって、ふたりでとにかくこういう話はすべきだとなった。

そうすると、意外にも議会の中に、結構リベラルな人や平和運動をやっている人とかもいて、そういう人たちが徐々に乗ってくるんですよ。最初は自信なさげで、テーマがテーマだけに人なんか来ないかも、と言い合っていたんです。でも、やっぱり今ウクライナで戦争が起こっているときだからこそ、70年前のナチスの体験をちゃんと知るべきだって、必死に一人ひとり地域に声をかけて回った。そしたら蓋を開けたら、なんと来場者152人ですよ！

古村　すごい！

藤原　それも、中学生から90歳のおばあちゃんまで来られて、まさか、まさかですよ。うれしかったのは、聞いてくださった方々の反応ですよ。後で教えてもらいました。食の話だったらウケたのにというコメントも来ましたよ、やっぱり。こんなナチズムの話なんか、ようわからんと。

だけど、こういう地域だからといってなめるんじゃなくて、むしろそういう地域でこそ研究の最先端のことを学んで、もっとちゃんとこの世界全体のことを知りたいっていうこと。それから、やっぱりお年寄りは戦争も身近なものなんで、戦争の問題とつなぎ合わせるし、若いZ世代（※8）の子たちにとっても、ヒトラーっていまだに関心事なんですよ。深い関心があって、知れてよかったですって感想も聞けました。

また、すごく印象に残ったのは、図書館員の方が来られていて、ここは本に接する場所がすごく少ない田舎だと。だけどそういう場所が実はコミュニティの中心というか、拠点になるべきだと思うので、今度は図書館でしゃべってくれって言われたんです。おそらくこれも山陰から、小さな図書館からの逆襲だと思うんです。

今山陰では、島根も鳥取もそうですけど、儲かることを前提としてないんですけど、こぢんまりとして良質な本だけを置いてる小さな本屋がポツポツとできてきて、さらに自分で図書館を開こうっていう人も増えてきた。わたしの出身の奥出雲でそういう若い夫婦が現れて、自分の家を開放して一週間に1回、「えんがわ文庫」っていうのを、それも家族で開いています。そういうすごく先駆的な試みが、東京の人たちが、あるいは関西の大阪や京都の人たちが田舎って言っている側から広がっている。雲南っていうのも、わたしの実家のすぐ近くで、木次乳業（※9）のあるところですが……。

古村　雲南は、今も小規模多機能自治の全国推進ネットワークの事務局ですから。

藤原　拠点ですよね。

古村　そうです、300近い自治体が参加しています。

藤原　古村さん自身も、昔の表現を使えば「裏日本」出身ですね。

古村　はい。丹後の出身です。わたしは表と言っていますけど（笑）、勝手口とも言っています。

藤原　では、**いよいよ勝手口の政治と勝手口の時代がはじまった**わけですよ。

不発の挑戦をいかに拾うか

古村　いやぁ今の話、ちょっと強引に引きつけますけど、労働者協同組合法には、労働者協同組合の基本原理が書いてあります。

組合員が出資する、組合員の意見を反映して事業を行う、組合員は働く。この3つが基本原理なんです。とくにこの意見反映というのを、わたしたちはずっと経営と言ってきたんです。経営者と労働者は対抗関係で弱い立場の労働者を守るために、労働者を保護する法制度がずっとつくられて積み上がってきた。でも、労働者協同組合の場合も、みんなで経営するんだったら、あなたたち経営者でしょって言われて押し問答でずっと来たんですね。

強い立場で資本を持って、さらにそれを増殖させようというような人の集まりじゃないんです。もともと昔の言葉で言うと無産者（※10）で、弱い立場で、かつ失業している。もう自分で就職活動して仕事に就くんじゃなくて、力の弱い人たちだから、力を合わせて自分たちで職場も仕事もつくっちゃうっていうのが原点なんです。

資本も弱い、技術も知識もそんなに長けているわけじゃないけども、自分たちでやろうということでつくった組織です。まさに労働者が労働者として、自分たちの仕事をつくっていくっていうことなので、経営者ではなく、ちゃんと労働者として扱ってほしいっていうのが、こっちの要求だったんですよね。その結果、経営という言葉に代わって意見反映になりました。

このことについて、法制局も国会議員も結構ちゃんと議論したんです。基本原理の中でもとくにこの意見反映、**一人ひとりが思っていることを言ったり話し合ったりして物事を決めていく、ここが肝なんです。**だから法律上も、定款に意見反映をどうするか書きなさいってなっています。総会で一年間どうやったか報告しなさいってなっているわけです。ただ、字面にするとそういうことなんですけど、実際に携わっていくと、当然人前で話すのが嫌とか、一回怒られたから二度ともう自分の意見を言いたくないとか、いろんなことが起こるじゃないですか。

藤原　当然、起こります。

古村　だから意見を反映させるというのは、みんながまず意見を言えるということや、意見をちゃんと聞くという作法があるとか、いろんなことが条件つきになるわけです。

やっぱり、組合員同士の信頼関係というか、ここでいっしょに生きていきましょうという何らかのつながりと関係性がないと、意見を言うとか反映するとかっていうことは成り立たないんです。まさに、さっきのナチスの話を図書館で聞きたい、その声や意見を反映して実現するっていうプロセスが大事だと思うんです。

うちの中で突拍子もない仕事をやろうっていう話が出て、多数決でだめってなったらそれで終わりなんだけれども。なるべく多数決というよりは、何でそう思うのと聞いたりしながら、まあとにかくやってみて、失敗したら失敗したでやめて、次違うことをやればいいじゃないかと。そういう積み重ねの中で、意見反映ということを大切にする文化みたいなものは育まれていく。

藤原　強引じゃないですよ、今のお話。何かすごく、だんだんつながってきたんですけど。

今のお話はつまり、意見反映っていうのは、多数決で消されてしまったり、力のある人によって怒鳴って押し潰されたりしてきた意見が、実は今まで歴史上、たくさんあったということが前提ですよね。

それは多分、企業でカリスマ社長に潰されたこともあるだろうし、さっき言った、世帯内で潰されてきたこともいっぱいあるわけですよね。世帯や企業、国とか大きな組織によって、あるいは役員によって潰されてきた。だけど、とりあえず聞きましょうっていう場所をつくるってことは、調整がめちゃくちゃ大変になる。ケンカも起こるし、まさに不穏ですよね。

不穏さを引き受けるっていうのはまさにそういうことです。めちゃくちゃになるけれども、でも今この世の中が、世界全体もそうだけど、すごく沈没していて、変革せなあかん、と思っている。変革っていうのは何か別にものすごい宇宙人みたいな発想を持った人が突然降りてきてやるんじゃなくて、過去の拾われなかったものを拾うことでしかないと思うんですよ。だから、これも強引にわたしの方に結びつけますと……。

古村　大丈夫、強引じゃないです（笑）。

藤原　わたしの本『歴史の屑拾い』（※11）も、要するに、歴史でこぼれ落ちてしまった不発の挑戦をいかに拾うかっていう話なので、後ろ向きに見えて、超前向きです。

それといっしょで、やっぱり古村さんたちの試みっていうのは、さっき言った「絶対矛盾を同一化」していくという困難な課題と、もうひとつは、過去に打ち捨てられたものの逆襲を支えるっていう歴史的課題も持っているんだと思うんです。そうすると、わたしなりに今のお話を聞いて、何が重要でおもしろいと思ったかというと、やっぱり変革って概念を変えることだと思うんです。

今までわたしたちが当たり前と思っていた概念をひとつひとつ、一字一句変えていくことが変革だと思っていて、そのひとつがさっきおっしゃった、「職場じゃなくてコミュニティ」ですよね。いいですよね、職場じゃなくてコミュニティって広がりがありますし、しんどいけどやっぱりすごくおもしろいですよね。

労働の概念を変えていく

藤原　もうひとつわたしが提案したいのは、ワーカースコープですから、労働って言葉をまず開きたいと思うんですよね。やっぱりわたしたちが組織をつくるときは、もう大学がほかならぬそういう場所の巣窟ですけど、漢語を使うんですよね。漢字2文字、4文字、四字熟語とか二字熟語。

たとえば経済史を研究している武田晴人先生の本『仕事と日本人』（筑摩書房、2018年）に書いてあったんですが、労働って言葉を使うようになったのは、最近なんですよね。

古村　明治以降ですよね。

藤原　それまでは、「はたらく」っていう言葉か「はたらき」っていう言葉だったんです。だからそういう意味で、もう一回ひらがなに開いて、労働を「はたらき」っていうふうにしたらどうだろうっていうのを、いろんなところで話しているんですよ。

何でそうしたら良いかっていうと、「はたらき」って言葉は、labor（レーバー）かドイツ語のアルバイトって言葉にあるような、苦痛をにおわすような概念ではないからです。**その場にいることによって、人の空気を変えているだけでも「はたらき」になる。**

古村　障害者につながるな。

藤原　そうなんです。実は何でこういう話をしたかというと、金滿里さんという方がいて、「劇団態変」（※12）っていう障害者だからこそ表現できる美を求めて劇団をやってらっしゃるんです。彼女と対談したときにもそういう話になって、何か労働、労働って言われると、障害者にとってはすごく敷居が高くなっちゃうって言われてたんです。たとえば、わたしたちが農業で働くと自然に触れ合うから、すごく精神的にも良いって話をすると、別にそれはがんばれ、がんばれって応援しているだけでもいいですかね、って言われました。

だから、健常者的に労働という概念を定義しているときに思ってしまう偏見を変えていける。

変えていかないといけないわけです。さっき古村さんがおっしゃったように、職場をコミュニティにする。そうすると、そこでは、労働者の労働ではなくて、コミュニティの中にいる人の「はたらき」の集合体なので、障害を持っている方でも、あるいはちょっと言葉がしゃべれない方でも、コミュニケーション・スキルを超えて、わざわざアピールしなくても、ただそこにいるだけの価値っていうのを認めてもらえる場所にもなり得るわけですよ。概念が変わってきそうな雰囲気を、今お話を聞いていて思いましたね。

古村　労働とか労働者という日本語そのものが新しいということもありますし、今みたいなイメージというかニュアンスがつきまといますね。

もうひとつ思っているのは、「働く」っていうのと、今言われた「はたらき」とは、違うなって感じがします。「はたらき」っていうと存在そのものの持っている価値とか可能性みたいな感じなんですね。まさにいるだけでいいという「はたらき」。胃が「働く」というふうにも言うけれど、胃の「はたらき」といった方が正しいと感じていて。脳に完全に支配されずに主体的であるけれども、脳の情報にも左右されるという「はたらき方」……、うまく言えませんけど。

藤原　今、哲学用語で流行っているのは中動態ですね。「はたらき」にすると、エコロジカルなニュアンスが入ってくるんですね。清掃とか農業とかケアっていう、生命と地球の物質循環と深く関係している部分で、ワーカーズコープの人たちが増えているっていう理由は、おそらく意図する・せざるは別としても、「はたらき」がもう自然に漏れている。自然環境に漏れちゃっているからこそ、そういうふうな場所でこそ、出てきているんだと思うんですよ。だから概念ですよ。

協同組合的な学校をつくりたい

古村　概念を変えるということですが、今まで「実」ばかりが問われてきた。「形」あるものがいつも問われてきて、お年寄りなんかも「実」のあることせえよと。だから今の概念を変えるというのがものすごく良い。概念だったら「実」がなくてもいいんですよね。

藤原　師匠はよく虚学って言うんですけど。わたしは虚学なんで、わたしが研究していることって、そのまますぐに経済成長とか幸せにつながるわけじゃなくて、あくまでその場でたまたま文章を残しておくような「はたらき」に過ぎないんですよ。こんなことあの人が言っていました、歴史的にこういうことがありましたって言っているだけじゃないですか。わたしはそれを延長していろいろ提言もしちゃったりしているから、危険人物視されるんですけど。

おっしゃった通り、「実」ではない世界をもっと大事にしなきゃいけないのに、「実」だけを政府が求めすぎていて、大学自体がとにかく経済成長しないとだめだと。今度、「3％枠」（※13）という本当にひどい法律ができて、上位3つの大学に10兆円ファンドでお金を運用してバーンと振る舞って、とにかく文部科学省から独立して金を使えと。

ただし、そのためには年3％以上の「成長」をしろと。だから半数以上の幹部は、企業の方々、ＩＴ産業の人とか大企業なんかから招く。さらに経営するには内閣の大臣たちの意見を仰がなきゃいけない。そういう意味で、もう本当に毒まんじゅうなんですね。そうやって実学も大事なんですけれども、実学大学に変えちゃっているのが、わたしは本当に腹立たしくて……。

古村さんに聞いてみようと思ってたんですけど、**大学を労働者協同組合にできないですか？**

古村　いや究極的にはできる可能性はあると思っているんです。

藤原　つまり、われわれが労働者になればいいんですよね？

古村　学校って、やっていい法人格が決められているじゃないですか。そのジャンルの中に労働者協同組合が入ればできるということです。

藤原　つまり、学校経営していい法人として認められればいいんですか。

古村　学校経営ができる法人格っていうのが規定されているんですよ。その中にまず入れるかどうかがひとつです。医療の世界で労協法人を使えることは確定しました。東京と千葉では、歯医者さんたちが集まって労働者協同組合が設立され、医療を行う法人として認められましたから、学校も可能性があると思います。

藤原　今のような大学ばっかりでは、本当に未来を語れないし、ただただ目の前の実益を求めるような閉塞感があります。わたしなんかの仕事は、経済成長率ゼロですよ。

　実は友だちといっしょに、ふたつの新しい大学づくりに参加しています。ひとつは「旅する大学」。それこそいろんな地域を2泊3日や3泊4日ぐらいで歩き回る。地域の人から、大学の教員が学び、大学の教員は知っていることを話させてもらう。そんな企画を岡山大学の松村圭一郎さん(※14)が中心となって動いています。

　京都でも「歩きはじめる大学」っていうのをやっています。完全に大学と町、つまり町のためにある大学。京都大学を夜間大学化する試みです。ロシア帝国時代のポーランドでは、大都市の地下の活動が、後にものすごい人たち、キュリー夫人とか生み出していく。地下大学の話をしたり。

いっしょにやっている大河内泰樹さん（※15）はヘーゲルの研究者なんですけど、ヘーゲルが「大学とは人生の日曜日」だって言っていて。どういうことかと言うと、学問って本来人生に欠かせないものだったのに、社会に有用な学問ばかり求められると、もう魅力的にならない。ここでわたしは考えたのですが、大学が社会的有用性から切り離されるためには、協同組合的なものが必要かもしれない。

それにそもそも、ボローニャ大学とかヨーロッパの大学って、スタートは協同組合ですからね。だったらワーカーズコープにお願いしたり、生協も生活クラブのワーカーズ・コレクティブ（※16）に変えてもらったりして。大学生協と、ワーカーズコープでいっしょにコレクティブユニバーシティにするぐらい、大学っていう概念も変えなあかんですよ。

古村　いやぁ、わたしの究極の目標は学校をつくりたいってことですから。ずっと前から。

藤原　本当ですか？　どんな学校をつくりたいんですか？

古村　まだ曖昧なんですが……。既存の小学校、中学校っていうのも近いし、「はたらき」みたいなことをちゃんと学べる場所のような意味合いもあるし……。デンマークのフォルケホイスコーレ（54ページの※3参照）も関心があります。

最近、学校の動きに変化が出てきました。画一的に教えるという場じゃなくて、多様性を尊重した学びの場を大切にすると、文部科学省ですら言いはじめています。それをどうやって具体化していくかっていうことで言うと、不登校とか障害者の学びとか、周縁化されていた人たちのところから学びの本質が出現しはじめている感じがしますね。

着陸の時代の結節点

藤原　まったくそうですよね。ちょっと話が飛ぶかもしれないけれど、今の話に触発されたんですが、**周縁こそが本当である**っていう考えですよね。それはつまり、ワーカーズコープも、周縁化されて失業者になった人々とか、働く現場で主人公になれない人々が、まさに主人公になれる場所を考えていくっていうこと。

今わたしは、日本経済新聞に週一でエッセイを書いていて、就活廃止論というのを書いたりして、いろいろ問題提起をしているんですけど。

おもしろかったのは、山口県に宇部西高校という高校がありまして。ここは完全なる非進学校なんですけど、園芸技術がすごい優秀なんです。日本の庭園って、世界でもすごく有名ですよね。島根だったら足立美術館（※17）の庭園がアメリカの雑誌のランキングで1位になりました。園芸技術の高い高校生をがんがん生み出しているにも関わらず、進学校をつくるために廃校にするって言い出したんです。山口県の教育委員会だけでなく、市の教育委員会もいっしょになって。これは、さっきの古村さんの話につながる話です。

つまり周縁の非進学校こそ日本の宝だっていう文脈で、たとえば農林高校、工業高校、それから食物科があるところとか、本当は自然と関わるところこそが学問の中心だったのに、自分への批判も込めて言いますが、それとはちょっとかけ離れてしまった学問で競争して、順位を決めて、この社会が築かれているわけですよね。

でも、もし周縁こそ主人公にしちゃえば、まったく立場が逆になって、掃除をしているおじさんたち、おばさんたちや、ケアをしている人たちが、むしろ主体になった国づくりができる。そういう人たちにとって、純粋におもしろい学問をつくっていかないと、就職率の良い大学ということばかり言われるようになって、本当の「人生の日曜日」は訪れない。大学の教員は、それに仕える者になるはずなんですよ。

何が言いたいかっていうと、みんな進学校をつくるために、工業高校とか農業高校を廃止したり合併したりしようと躍起になっているけれど、それは結構古い考えで、実はちゃんとした農業・工業とか、そういう生活と切り離せないことを学ぶことこそが大切なことなのだ、高校は大学の予備校ではないんだ、そういう学校観です。競争原理から離れれば、学問の純度が保たれる。学校もやっぱり概念を変革していかなきゃいけないってこととつながりますよね。

古村　いやぁおもしろいですね。概念を変えていきましょう。ひとつ変えれば変わっていく。

藤原　変えましょう、変えましょう、全部。先ほどの「職場をコミュニティに」から変えていきましょう。それは徹底して考えないといけないんですよ。中途半端に終わってきたことが、日本を中途半端にしてきた罪だと思う。

古村　その話で言うと広井良典さん（197ページから対談を掲載）が言うには、自然を前提として人間のコミュニティがあって、コミュニティを前提として一人ひとりの個というのがあった。ところが、コミュニティが自然から離陸をして、コミュニティから個人が離陸をしてきた。でも今は、着陸の時代がはじまっているって話をされていました。

それで今の話を聞いて思ったんですけど、コミュニティの辺境、つまり個との境目、自然との境目、農業とかケアとか、この辺境の分野の仕事をワーカーズコープは一生懸命やっている。

藤原　つまり着地点ということですか?

古村　結節点みたいな感じです。コミュニティの持っている意味を、より豊かにしていくというか、変えていこうということであればあるほど、接着点みたいな分野の仕事というのが、変化をつないでいくんだなと強く思いました。

藤原　絶対そうですよ。だから『天空の城ラピュタ』なんですよ。土から切り離された文明はどれほど高度であっても必ず崩壊する。今たとえば学術とか企業とかいう感じで、広井さんの言い方だと離陸するどころか、むしろ浮遊している。今着陸の時代だっていうことはどういうことかって言うと、おそらく国引きじゃないですけど、よいしょ、よいしょって浮いているものをロープをかけて引っぱっている。そうすると何が起こるかっていうと、江戸時代とか室町時代に帰る、あるいは縄文時代に帰るってことじゃないと思うんです。

おそらくそれは無理な話であって、縄文に帰れる人もいるかもしれないけど、もう一回つなぎ合わせたときに、いろいろ不穏なことが起こりますよ。不穏なところは調整しなきゃいけない。調整しなきゃいけないってことは仕事が生まれる。だから変革のための大変な仕事が、多分ワーカーズコープに降ってくる、これからどんどん。

お金の存在をどう変えていくか

藤原　ただ、今の世界全体は、いまだに着陸する気がなくて、実質的なお金以上のものすごく広い金融世界を動かして、いわば悪い意味での「虚」の世界を広げすぎている。実質的な労働が生み出す富とは違ったジャンルの、富の交換ゲームが大きくなりすぎていて、もう完全に結びつけられないぐらいになっている。

ワーカーズコープはおそらくその接着点のひとつになるかもしれない。だからその金融でハゲタカさん（※18）ががんばっている世界はパチンと切ってどっか飛んでってもらって、国引き神話（※19）ですよね、もう一回つくり直さなくては。

古村　だから、経済の話はわたしの中で大きなウエートを占めているんです。これも広井さんが言われた話なんですが、経済っていうのは、そもそも相互扶助が大前提だったんだと。市場交換であれ、互酬性（※20）であれ、あるいは再分配であれ、お互いさまでまさに相互扶助。かつ、**お金の存在をどう変えていくか**っていうのは、すごく大きい。さっきお話しした中学生が働いたときは地域通貨にするっていうのも、いいと思うんですよね。

藤原　それ、おもしろいですよね。

古村　そこには、お金とはそもそも何なのかっていうことが立ち現れる。地域の経済を考えても、お金が漏れ出さないように循環させなければいけないと、さまざまな人たちが言うようになってきました。しかも漏れ出さないと言ったときの閉鎖性は、完全に閉ざされているんではない。コミュニティがコミュニティとして独立して存在し得ないから、コミュニティの間にマーケットが生まれたんでしょうから。

そこで新たなお金の機能が働くようになると、政府とか権力的な人たちは、歴史的にも独自の交換機能は許さないという発想で潰しにかかる。上から統治することしか考えませんからね。

藤原　そう、今までの時代にはなかったものを潰させないためには、ちゃんとした思想が必要です。

さっきおっしゃったように、職場をコミュニティに変えて、労働を「はたらき」にした以上、次はまず経済を変えなきゃいけない。経済はいわば交換のひとつの形態であって、足りない部分を調達するためのひとつの融通でしかないのに、今は経済が統治の方法になっているのを変えなきゃいけない。するとお金を根本的に変えなきゃいけない。お金の概念はどういうふうに定義し直したらいいですかね？　やっぱり地域通貨ですよね。

古村　地域通貨はおもしろい取り組みが徐々にはじまっています。いろんな試行の途上にあると思うんですけど、基本的には等価交換じゃないですか。

神奈川県相模原市の藤野という地域に、シュタイナー教育（57ページの※12参照）の学校ができて、ちっちゃな地域にいろんな人たちが引っ越してきた。すごく高度なテクノロジーを駆使する人たちもいれば、自分で農業をやりながら暮らしをつくるとか、いろんな人が交ざった地域に変わっていったんですけど、そこでやっている地域通貨は、超デジタルな人たちなのにアナログなんですよ。手帳に手書きで、あの人になんぼ借りたとか書き込む通帳。で、**最後借金して死んでいい**って話なんですよ。

藤原　ええ！

古村　通帳がマイナスで終わってもいい。そういうもんだと。全部が、つじつまが合うっていうことじゃなくていい。

藤原　合わなくていい、返却しなくてもいい？　デフォルト（債務不履行）ですね。ただ借金は返済しなくていいってことですね。

人類学者のデヴィッド・グレーバー（※21）が『負債論』で示したように、わたしたちは金を借りたら返さなきゃいけないっていうのに、あまりにもしばられている。でも要はお金って信用なので、信用さえできていれば、お金なんて本来は必要ない。信用の世界のひとつの表象がお金なんですよ。今はそれが転倒していて、お金が信用の証しになっているから、お金を持っている人を信用しようとか、お金を持っているから入場してくださいっていう、財布が入場のパスポートですよね。

だけど、この人は信用しているから、この人とは関係があるからっていうふうに変えた上で、この地域では賄えないものを取り入れるためにお金を使う。そうすると地域のスーパーが変わると思うんですよ。わたしは田舎のスーパーを見てきたけど、都会の工場でつくられたものが非常にいっぱい来ていますよね、すごいんですよ。わたしの田舎でも、その地域の食べ物じゃないものが結構入ってて。

古村　反対にお金が地域から漏れ出さないことを志向する動きも、全国的に出てきていますよね。それも山陰地方で多いと思いますよ。

藤原　順番を考えるってことですよね。食の話はつまり、広井さんが言われるように、まず自然がある。地球がない限りわたしたちは生きていけないし……。

『植物考』（※22）という本を書いたんです。植物が酸素を生み出してこなかったら、あらゆる動物は生きてこれなかったはずだし、オゾン層ができなかったので、紫外線にやられて死んでたはずなんです。植物がこの世界をつくってくれていて、さらに微生物がつくってくれているっていう前提があって、ようやく奇跡のようにわたしたちは生きている。その順番をわきまえて、たまま住まわせてもらっている人間が生きていくために、まず食うことの接合点をちゃんと整えていきましょう、ということです。だから、自分の近くで採れた食べ物をできるだけ食べる。どうしてもないものは輸入するけれども。

わたしたちはすごくがんばって逆立ち競争していて。一生懸命信用よりもお金を中心にして、「はたらき」よりも労働を大事にしすぎていて、もう逆立ちも血が上って大変になっちゃったんだけど、もう一回よいしょと戻していきましょうっていう、それが変革ということですね。

子どもが主体性を取り戻す

古村　たしか藤原さんから聞いたと思うんですが、戦後のすごく混乱した時期に、誰が行ってもただで食べられる食堂が全国にあったっていう話がありました。今それをいろいろな人たち、とくに地方の人たちに呼びかけてやろうとしています。

ワーカーズコープでは、本業の仕事だけではなく、子ども食堂やフードバンクを全国各地でやっています。それは労働としてやっているんじゃなくて、ボランタリーな活動です。こうした食にまつわる個別のテーマで取り組んでいることを、小さな区域の中で結んで、拠点をつくってまとめることで、誰が来てもただで食べられる場所にしたい。さらに、学校給食と子ども食堂の活動をつなげられないかとも思っています。学校の総合学習として位置づけるとか。学校にも畑があって、それを学業の本業にするような、認定された学校なんかも出てきています。

農作物が育って、それは給食で使いますっていうんじゃなくて、地域食堂みたいなところに全部出しますってことも授業にできる。子どもたちにとって、子ども食堂だと何かやってもらっている世界だけど、これなら自分たちが学校で育てた野菜がここで使われているから、施しではなく食べる権利になって主権が生まれる。子ども食堂は、「もらう」ことが前提の場ですが、自分たちで育てた野菜を食材として使うってことは、自分たちの「はたらき」がみんなの食につながっているって体感が得られますよね。

藤原　いや、いいですね。サービスって言葉を変えないといけない。今はサービスばっかりじゃないですか。生態学の中でもサービスって言葉が使われてきて、わたしたちは生態系サービス（※23）を受けているという。おかしな話ですよね。

古村　そうなんですよね。サービスっていう言葉、わたしもすごい違和感があります。

藤原　だから、子どもたちも大人からサービスを受けて、お客さまは神様みたいになるんじゃなくて、自分たちでってことですよね。

古村　関西で言うと地蔵盆の世界ですよね。わたしの町では、地域ごとに小学生から中学生全員が参加して、公民館を会場にお祭りをすべて取り仕切る。家庭をまわって寄付をもらったり、遊びや夜の肝試しの企画も全部子どもたちが決めてやる。そこには年長と年少の子ども間のケアがあり、憧れも生まれる。わたしにとって、子どもの自治の強烈な体験ですよ。

藤原　でも、大学がワーカーズコープになれるかもしれないっていうのは勇気づけられました。

古村　認可校じゃなく、名乗っているだけですけど、フリースクールで東京シューレ（※24）っていう有名なところが東京にあって、それから派生して、「雫穿《てきせん》大学」という、その大学版をやっている人たちがいるんです。すごく難しい字ですが、雫がポツポツと垂れ落ちて、ちょっとずつ穴が開くみたいな意味でつけたということです。

藤原　フリースクールの大学版。おもしろい。学校自体の存在やあり方を疑う。そこから、大学だって自分たちでつくらざるを得ない。

古村　日本ではフリースクールは不登校からはじまることが多いんですけども、雫穿大学では、「自分発の学び」、デモクラティックな学びをやろうって生まれました。

ここで学んだ若者たちが、映像やウェブデザインを仕事にする「創造集団440Hz」（55ページの※6参照）という株式会社を経営していたんですが、ワーカーズコープ連合会に加盟してくれて、労働者協同組合法人の運営にしたんです。**デモクラティックな学びとデモクラティックな「はたらき」はつながる**んです。

藤原　へえ。名前がおもしろいですね。知らなかった。それがもし今後、学校法人に紐づけできればおもしろいですね。みんなそこから学位を得て卒業できるわけですよね。いずれノーベル賞がそこから輩出される日が来ないかな。京大は、ノーベル賞が減っていくと思うんですよ。競争ばっかり、書類書きばっかりで、研究時間が奪われるばかり。

古村　北海道の長沼町では、メノビレッジ長沼（※25）っていう、不耕起の農業をやっている人たちの活動も関わって、統廃合で空いた校舎を使った、子どもたちが主体的に学べる場として「自由な小学校」も生まれています。

藤原　北海道で不耕起をやってるんだ！　すごいなあ、それは！　ワーカーズコープでもやろうとしているんですか？

古村　協同労働という仕組みで運営したい、地域づくりを考えたいっていうことで、北海道のワーカーズコープも関わりを持たせてもらっています。本当は、協同労働と教育や学校の世界が、いちばん親和性が高いと思っています。

藤原　親和性ありますよ。学校でも、事務の人、教える人、畑を耕している人とか、みんなが一票を持って学校に関わっていないといけないはずです。

自分を分解する

藤原　今の大学は、教員にさえ平等な一票が与えられていなくて、わたしたちが総長選挙で票を出したとしても、意向投票にすぎないんですよ。わたしたちには議決権がないんです。総長を選ぶのに。ワーカーズコープの真逆を行っているんです。

どういうことかというと、わたしたちは総長選挙では一応、みんな投票できるんです。ところがその結果は、総長選考委員会の一資料に過ぎないんです。いわば世論調査です。もちろん無視はできないですよ。できないけど、日本各地で起こっていることは、1位の人が降りて2位の人を選んだりとか、2位の人は政府の考えに近いからって選ばれたりとか、結局もう民主主義じゃなくなっているんです。

いわば、われわれの意見は参考に過ぎないんですね。京大もそうですよ。デモクラティックなターンが協同組合でなされているのに、逆でしょ。

結局、いちばん上に内閣府がいて、管轄の文部科学省ではないですから、どうしようもない。完全に経済優先的大学を目指して、ノーベル賞を取って、世界ランキング何位になって、経済成長ができる大学にする。経済成長ってどうやるのか？　大学でグッズでも売るつもりか？　経済成長しか頭にない！

古村　儲ける手段としての研究や学問ですね。

藤原　独立研究者の森田真生さん（※26）なんか憧れです。森田さんとはよく話します。独立研究者の磯野真穂さん（※27）も。ふたりともわたしの憧れですよ。独立して自分で研究者として、小さな集まりをつくって、そこで授業とかやってらっしゃるんです。インターネットでできるようにもなったし。

古村　（独立研究者としての運営は）成り立つんですか？

藤原　あのふたりはタレント性もあって、才能がある人たちなので、やっていけるのでしょう。

古村　でも、藤原先生の研究や本は、わたしにとっては不思議とそのときどきの悩みや思考に、すごくタイムリーに響くことが多くて。必然的に出会ったという感じが多くて。わたしにとっては導き手としてすごい才能を感じますよ。『分解の哲学』のときも、ワーカーズコープという組織や、協同労働っていう働き方を、どんなふうに社会的なインパクトやその自覚として考えたらいいかっていう手がかりになりました。

分解って、たとえば4人で仕事をやりますっていうときに、さっきの意見反映で言えば、まさに一人ひとりの「はたらき」は何なのか。いきなりまとまりを持って集団がはじまっているわけじゃないわけだし、お互いを理解する上で、どこで生まれましたとか、親のこととか、自分を分解して理解してもらう、みたいな話につながるじゃないですか。

2022年に出された『歴史の屑拾い』は、最後のあとがきがしびれるんですよ。「私たちはつい、歴史の風景を、舗装された道路の上で、大きな乗り物に乗って眺めたくなります。しかし、足で地面を踏み締め、道草をし、痕跡を見つけ、拾い上げること」が、歴史叙述の魅力じゃないかって書かれてますよね。

労働者協同組合法ができて、これまでの労働者協同組合の歴史をまとめているんです。表街道というか、高いところから見て、こうやって歩いてきたんだなというメインストリートの歴史もまとめるとしても、その隊列の中に身を置いていて、どんなことが起こっていたのか、ときどきケンカしたり転んだやつがいたり、はぐれたやつがいたり、みたいな歴史もあるはずなのに。よく見えるところ、日の当たるところだけを歴史として紹介するのは、これからやる人たちにとって十分じゃないって思ったんです。

藤原　いや、まったくそうですよ。古村さんのまとめられている自分史的なエッセイ（協同総合研究所発行の『協同の発見』誌巻頭言）も、ふたりの現場からはじまって、最初は野球部で鍛えた筋肉に頼るわけですよね。その時代から共同性を何とかつくろうとするんだけど、何度も失敗して。盛岡に異動して、最初は良かったけど、うまくいっていると思ったら壊れて、納得いく時代ではなかったって書き方でしたよね。

古村　**うまくいったと思ったんだけど、やっぱ壊れる。うまくいったって壊れる。**ある意味、必ず壊れる。

藤原　そういう失敗の話や歴史の方が、若い人の元気が出るというか。『歴史の屑拾い』も、わたしの黒歴史をはじめて明かしていて、資料を集めるのがどれだけつらかったかっていう……。あれは結構、読者の反応が良かったんですよ。誰に良かったかっていうと、やっぱり研究者仲間で、わたしにもあります、そういう歴史がって……。

どれだけ失敗も共有できるか

古村　少なくともワーカーズコープをやってきた人たちは、正論としての歴史は、フォーマルに語る機会が増えるんですけど、パーソナルな自分の歴史っていうか、身体感覚としての歴史をちゃんと言葉にしないと。きれいな物語では済まないですからね。ケンカ別れもあるし、組織が崩壊するとか、仕事が崩れて事故を起こしたり、なくなるとか。そういう歴史の事実を謙虚に示さないと、独善的で万能論になっちゃったら、逆に引かれると思うんです。

藤原　だから社史って本当は大事で、社史研究する人は多いんですけど。わたしも雪印の社史を読んで論文を書いたんです。社史だけじゃわかんないですよ、きれいすぎて。本当はもっとドロドロしたところを書いてあげないと、組織として硬直すると思うんです。

伝記や自伝を読んでいておもしろいのは、どれだけ自分を馬鹿にするかっていうか、自分をどれだけ笑いものにできるかだと思うんですよ。そういう客観的な視線がない限り、自伝は書いちゃいけないと思うんです。

社史編纂者にはおもしろい人がいて、それこそ黒い歴史の資料も集めているはずです。ワーカーズコープも出すんですか、黒い社史を。

古村　法律ができたタイミングなので、まずはオフィシャルなものになると思います。機関紙があるから、一応客観的な情報は整理しています。ただ、それ自身も表街道の明るい歴史だから、難しいんですよ。今からやる人も、成功物語ばかりの人なんて誰もいないはずですよね。絶対いろんな失敗をするはずなんです。それだけははっきり言えるんですよ。

藤原　「失敗集」みたいなのが大事ですよね。

古村　ひとつひとつの断片的な情報というか、事実があるじゃないですか。それぞれバラバラと存在しているというよりは、いちばん言いたかったことは、10実践があったら9失敗していましたと。1しか成功していませんと。

だけど、そのまま世の中にこうですって言ったら、法的根拠にもならないし社会的には信頼されない。この組織は、たちどころにだめだってなるじゃないですか。組織的にも、失敗を共有するというよりは、大丈夫だということをみんなで確認するために、成功事例を評価してがんばろうってやってきた。

今は法律ができたから、局面が明らかに変わって。根拠となるものができたんだから、良いところだけに光を当てるっていうのは、働き方を変えていこうっていう法律の趣旨からいえば、きれいすぎる。そんなに簡単に変わらないはずなので。失敗も伴って地道にやっていかないと、簡単には変わらないという覚悟は持つべきじゃないか、という思いがすごくあって。なかなかうまく伝えられないし、言葉にもできていないないし、本にして紹介するってレベルはちょっと迷ってます。ただ、体験は素直に言葉にして語っていかないといけないと思っています。

藤原　なるほど、そういう悩みは大事ですね。これまでは社会から信頼を勝ち取るための戦いだったのが……。だから、国の歴史修正主義が流行るのは理解できますよね。日本は強かった、かっこいい、アジアに平和をもたらしたっていう修正主義に走りたくなる気持ちも。自分で組織をつくる苦労をするとわかりますけどね。

古村　だけど、やっぱり失敗があるからおもしろいんですけどね。成功ばっかりだったらだんだん飽きてくるんですよ。

（2022年11月）

対談内注釈

※1『**分解の哲学　腐敗と発酵をめぐる思考**』
藤原辰史著。「歴史学、文学、生態学から在野の実践知までを横断する、〈食〉を思考するための新しい哲学」（出版社紹介文より）。青土社、2019年。

※2 **NPO法**
正式には特定非営利活動促進法といい、1998年施行。特定非営利活動に取り組むことを主な目的とした団体に、特定非営利活動法人（NPO法人）という法人格を与える。2012年に改正され、活動分野が17種類から20種類に増えた。

※3 **基礎自治体**
行政区画として最小の単位で、具体的には市町村と特別区を指す。

※4 **アントニオ・グラムシ**
イタリアの政治家、思想家。1921年、共産党の創立に加わった。1926年に逮捕されて、釈放後に病気で亡くなった。その後、獄中で書いたノートが出版され、思想界に影響を与えている。

※5 **西田幾多郎**
大正・昭和の思想に影響を与えた哲学者。「絶対矛盾的自己同一」という、主観と客観、善と悪といった一見対立するもの同士が実は相補的であり、根源においては同一であるという概念を唱えた。著書に『善の研究』など。

※6 **わたしのふるさと**
藤原辰史さんは、北海道旭川市生まれ。1989年から大学進学のため京都に出るまで、島根県横田町（現在の奥出雲町）で暮らした。

※7 **西周**
にし・あまね。啓蒙思想家。1829年（文政12年）生まれ。津和野藩医の父を持つ。オランダに留学し、西洋哲学など近代思想を日本に紹介した。

※8 **Z世代**
「ジェネレーションZ」ともいい、1990年代後半から2000年代生まれを総称する呼び方。ネットやスマホに親しみ、ソーシャルメディアを活用して知識を得たり交流を広げたりするデジタルネイティブである。環境保護や社会貢献に熱心であり、芸術への関心も高いとされる。不況を経験したためなのか、金銭感覚などは保守的とされる。

※9 **木次乳業**
島根県雲南市にある乳製品メーカー。パスチャライズ牛乳で知られる。同社ホームページによると、フランスの細菌学者パスツールが発明した殺菌法を使うことで「牛乳中の栄養成分や風味を損なうことなく、有害な細菌を死滅させることができます」。これをパスチャリゼーションといい、ヨーロッパで一般的だという。同社は研究を重ねた結果、1978年（昭和53年）から流通をはじめた。

※10 **無産者**
無産階級、プロレタリアートともいわれる。生産手段を持たず、自分で働いて得た賃金で暮らす階級。

※11『**歴史の屑拾い**』
藤原辰史著。「歴史をどう語るのか。こぼれ落ちた断片の生が、大きな物語に回収されないように、自身に問いかけながらの試行錯誤と、思索を綴るエッセイ」（出版社紹介文より）。講談社、2022年。

※12 **劇団態変**
1983年、大阪で創設された劇団。金滿里さんが主宰。「身体障碍者にしか演じられない身体表現を追究するパフォーマンスグループ」（態変公式ホームページより）。現在は「態変」と名前を変えている。

※13 **3％枠**
国の国際卓越研究大学制度において、大学側が支援を申請する際に求められるのが3％の事業成長。「3％枠」はそのことをさす。制度自体は、新たな知やイノベーションの中核となる世界トップレベルの研究大学づくりを目指すもの。10兆円規模のファンドを創設し、大学の研究基盤への支援を行う。2023年9月、東北大学がはじめての認定候補に選ばれた。

※14 **松村圭一郎**
文化人類学者。岡山大学准教授。著書に『うしろめたさの人類学』（2017年、ミシマ社）など。

※15 **大河内泰樹**
おおこうち・たいじゅ。哲学者。京都大学大学院文学研究科教授。共著に『ヘーゲル講義録入門』（2016年、法政大学出版局）など。

※16 **ワーカーズ・コレクティブ**
労働者協同組合と同じ原理を持つ非営利の市民事業体。1980年代、生活協同組合の活動から生まれ全国に広がった。

※17 **足立美術館**
島根県安来市にあり、日本庭園と横山大観のコレクションが特長。庭園の美しさは海外にも知られ、アメリカの専門誌による「2023年日本庭園ランキング」で、21年連続日本一に選ばれた。

※18 **ハゲタカさん**
ハゲタカとは、経営破綻か業績の悪化している会社の株式を購入し、資産価値を上げてから売却するファンドのこと。

※19 **国引き神話**
出雲の創造神「八《や》束《つか》水《みず》臣《おみ》津野《つぬ》命《のみこと》」が、国を大きくしようと、周辺の土地を切り離し、出雲に引き寄せていったとする神話。

※20 **互酬性**
個人や集団の間で、品物やサービスを互いに交換すること。互恵性とも。

※21 **デヴィッド・グレーバー**
アメリカの人類学者。著書に『ブルシット・ジョブ　クソどうでもいい仕事の理論』（2020年、岩波書店）など。

※22『**植物考**』
藤原辰史著。「人間は何より高等な生命だとわたしたちは思いがちだが、それは真実だろうか？　歴史、文学、哲学、芸術を横断し、人間の未来をさぐるエッセイ」（出版社紹介文より）。生きのびるブックス、2022年。

※23 **生態系サービス**
生態系の機能のうち、とくに人間がその恩恵に浴しているもののこと。

※24 **東京シューレ**
子どもが安心して過ごせる居場所づくりに取り組むNPO法人。1985年に開設。東京の2カ所にフリースクールがあり、不登校の子どもらが通っている。

※25 **メノビレッジ長沼**
「支え合う農業」に取り組み、地域経済の循環を目指す北海道の共同体。耕さないで農作物を栽培する不耕起栽培を実践している。取り組みの一環として、共同代表の荒谷明子さんは学校づくりにも関わっている。

※26 **森田真生**
もりた・まさお。京都を拠点に活動する独立研究家。著書に『僕たちはどう生きるか　言葉と思考のエコロジカルな転回』（集英社、2021年）など。

※27 **磯野真穂**
人類学者。著書に『他者と生きる　リスク・病い・死をめぐる人類学』（集英社、2022年）など。

対談5

閉じた社会に橋をかけていく

広井良典 + 古村伸宏

Yoshinori Hiroi + Nobuhiro Furumura

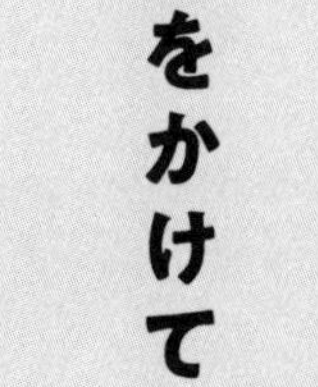

「コミュニティケア」をテーマとした
事業に挑戦をはじめた2000年代初頭から、
広井良典さんに多くの示唆を受けてきました。
ジャンルを超え縦横無尽に語り合ってきたことが、
わたしの理論的なバックボーンを
形づくってきたのです。
そんな関係を振り返りつつ、
労働者協同組合の可能性をお聞きしました。

広井良典(ひろい よしのり)

1961年生まれ。京都大学人と社会の未来研究院教授。専門は公共政策と科学哲学。東京大学教養学部卒業、大学院総合文化研究科修士課程修了。厚生省(現厚生労働省)、千葉大学教授などを経て現職。主な著作に『定常型社会　新しい「豊かさ」の構想』(岩波書店、2001年)、『人口減少社会のデザイン』(東洋経済新報社、2019年)など。

時代がようやく追いついた

広井　労働者協同組合法が施行されたのは、時代がワーカーズコープに追いついたということです。古村さんとは2004年ぐらいにはじめてお会いして、かれこれ20年になります。ワーカーズコープにはもっと古い歴史がありますので、わたしが出会ってからの話になりますが、その後に法律がいよいよ通るという話が何回かあって、いよいよ通るのかというとあと一歩で、みたいなことが何度もあって、ようやく法律が成立した。

わたしも、『定常型社会　新しい「豊かさ」の構想』（岩波書店、2001年）という本で、GDP（※1）の増加・拡大だけを目指すのではない社会のあり方を提案しました。そのころは、支持してくれる人もまだマイノリティでしたが、最近はSDGsが注目されたり、斎藤幸平さん（59ページから対談掲載）の『人新世の「資本論」』（※2）がベストセラーになったりしました。あの本ではわたしは旧世代の脱成長論者として批判的に取り上げられているのですが、あれだけ売れた本に取り上げてもらえるのは非常に光栄なことですし（笑）、脱成長を主張するような本が注目を集めるというのは、やっぱり社会のあり方への人々の関心が高まっているということです。

表面的な動きも多いですが、希望を込めて言うと、ここ数年SDGsなどについて話すのが普通になってきていることはプラスに考えられます。そういう意味では、ワーカーズコープが唱えられてきた協同労働を中心とするケアとかコミュニティということが大事になると思います。

これは古村さんにおうかがいしたいんですけど、地方創生の動きがあったことで、地域というコンセプトが社会的にも関心を持たれています。これももともとワーカーズコープで言われていたことですが、ヨーロッパの協同組合にもそういう要素はあると思いますけど、労働と地域あるいは地域再生を結びつけ、地域ということを前面に出している労働者協同組合は日本独自ではないでしょうか。**労働者協同組合法は、ヨーロッパに遅れて日本で成立したというよりも、むしろ逆に日本が先取りしている**部分もあるのではないか。一周遅れの最先端みたいな言い方もありますけど、成立が遅れた分、逆にそういう新しい方向性がより明確に盛り込まれたというのもあったと思います。それはすごく良かったのではないでしょうか。

古村　最先端は光栄ですが。

広井　わたしの理解では、労働者協同組合自体はヨーロッパのものと共通しているわけですけど、持続可能性とか地域ということを前面に出したということで、日本の労働者協同組合法はかなり独自の性格を持っているのではないかと思っていました。

ヨーロッパの労働者協同組合は、基本的に19世紀の後半に工業化社会がどんどん進む中ででてきました。あの時代とは違う現代の状況を取り込んだ形のものになっているということは、世界の最先端と言ったら言い過ぎかもしれませんけど、でも実際そういう面があるんじゃないかと思います。それはわたしの勝手な理解でしょうか。

「野放し」が生んだ独自性

古村　たしかに世界にあまり例のない労働者協同組合の法律であるとよく言われます。労働者が出資者でもあり経営の主体者でもあるというのは考え方としてはあるんですけど、法制度に落とし込んで、雇用労働者としての保障に関わるようなことを埋め込もうとすると、労働者と経営者という対立概念を入れ込まざるを得ないわけです。雇っている人がいて、雇われている弱い立場だから、保護しなければいけないというロジックで労働者の保護法制は組み立てられています。

ヨーロッパでは、労働者協同組合であっても、法律上労働者性は明示されていなかったことがかなりあります。結果的に、働く人たちの主体性や自由という話が負の方向に向かい、自分の責任で生きていきなさい、保護がない、保障がないみたいな扱いになっている国もあるようです。逆に雇用されているというベクトルを強く持っているために、あまり労働者協同組合の特性が浮かび上がってこない法律もあると聞いています。労働者性とその保護を担保しつつ、一方で労働者の主権ということを可能な限り制度の中に埋め込んだという意味では、世界的にかなり評価されている仕組みになります。あわせて、法律の目的に今テーマとなっている持続可能性が出てくるというのは、まさに最先端ということだと思います。ただ、地域づくりという点では、イタリアでは「コミュニティ協同組合」というものも生まれています。

わたしが思うに、法制定が遅くなったということは、それだけ野放しのワーカーズコープ的活動があったということですよね。制度に支配されないで、どういうものが労働者協同組合なのかということを自分たちで考えながら、ルールとか規範がない中でやってきたわけです。その自由度が高かったおかげで、結果的に法制度上はほかの国に比べてかなり優れたものになったんじゃないかと感じています。

もしも1990年代に法律ができていたら、ほとんどヨーロッパのものをまねて、今のような中身になっていないような気がします。実践上、失敗もふくめていろんなことをやってきて、いろんな分野に事業を広げて、その中でぶつかったり進んだりしてきた経験があって仕組みをつくったわけですが、野放しの時期が長かったことが功を奏しているとわたしは思っています。

広井　最初、古村さんと出会ったときによく話していたのが、ケアというテーマ。介護もそうですし、教育とか心理的なケアとかいろいろありますけど、たとえば労働組合は、ケアなんていうのは普通取り上げないですよ。ですから、2004年ごろに古村さんに会ったときに、ケアというテーマを非常に大事にされていて、そういうことに取り組んでいるということに、わたしは強い関心を持ちました。もちろん労働組合と労働者協同組合は別物でありますけど、ケアとか介護、保育といったことを当時から話されていたことが印象的でした。

それからわたしが印象的だったのが、農業とか自然に関するテーマに関心を持っておられて、これも労働という世界とはどちらかというと対立するようなイメージがあって、労働の話というのはだいたい都市の話で、農業とか自然というのとはあまりつながりがない。それからコミュニティのテーマもそうですね。労働の世界ではどちらかというと、職場が大事であって、地域コミュニティという発想はあまりない。だから、労働という言葉では共通しているけれども、ワーカーズコープは、わたしたちがイメージする普通の労働とか労働組合的なものとかなり違うなと当時感じました。

先輩の教え「人類5つの危機」

古村　冷静に振り返ると、極めて大言壮語の組織だったんですよ、最初から。大きなことを言う組織だったんです。永戸祐三さん（※3）のさらに前の初代理事長の中西五洲さん（96ページ※3参照）という方は、全日自労（※4）という労働組合の委員長で、総評（※5）の中でも比較的影響力のある方でした。中西さんはかなり異質だったと思いますけど、生協をつくったこともある。わたしが労協に入ったころに、研修や会議で毎回1、2時間、話を聞かされていたのは、「人類5つの危機」ということでした。第一に核戦争の危機、第二に利潤原理社会・経済の危機、第三に人間の破壊、第四に環境の破壊、第五に資源の枯渇ということで、まさに今で言う持続可能性の危機みたいな話でした。

そういうことと、労働のあり方を変えるというのが中西さんの中できっとつながっていたんだと思うんですけど、わたしたちは日々、生協の物流センターで商品を仕分けしたり病院で清掃したりしていて、これが何で核戦争をなくすことにつながるのか、当時はまったくわかりませんでした。だけど、ここまで来るとつながっているんだなというのは、わたしの中ではストンと落ちています。労働組合と労働のあり方が、日本社会全体を支える構造としての問題ということです。

広井　日本の場合は会社ごとの組合です。それが、本質です。よく言われるように、ヨーロッパやアメリカのように横断的な産業別の労働者として会社の枠を超えて連帯するのが本来の姿ですよね。日本の場合は会社単位なので、会社の中で閉じていて、横の連帯よりはその会社が存続することに価値を置いている。そうなると良くも悪くも経営者と労働組合はその限りでは運命共同体で、そっちの方でくっつく形になります。もちろん労働組合運動には、社会問題の解決や地域課題をテーマとする活動もありますが、外の世界との連帯が弱かったように思います。

コミュニティというテーマで言うと、日本の場合は戦後の高度経済成長の時期というのは会社と家族というのがコミュニティの代表で、会社同士、家族同士が競い合って高度成長の坂道を上っていきました。つまり経済の成長は、会社を超えたつながり、家族を超えたつながりをどんどん弱めていきました。だから良くも悪くも、会社やそのもとにある労働組合みたいな閉じたコミュニティになってしまった。ワーカーズコープはその辺が開かれているというか、もともと強い母体がなかった分、オープンでフレキシブルなところがあったと思っています。

日本にありがちな内と外を区別するような閉じたコミュニティというよりは、開かれたコミュニティだと思います。日本社会では社会的孤立がすごく深まっている。それはいろいろなコミュニティが閉じてしまっているからで、もう少し開かれたコミュニティをつくる必要がある。日本では、昔の農村とか会社といった**古いコミュニティが崩れて、新しいコミュニティができてないのが現状だから、そこに橋をかける**ような、集団の間の橋や人と人の間の橋をかけるような存在が大事だなと思っていました。ワーカーズコープの開かれたコミュニティづくりみたいなことは、つながり方を編み直していくことで、これがケアのあり方にも通じています。そのあたりが労働組合とは違う新しい面だというふうに感じてきました。

「よい仕事」を守り続けて

古村　中西さんから聞いてきた「人類5つの危機」は、労働の意味が広がりを持つという点で印象深い。そういう大きな構想というか視点があって、もう一方で、「よい仕事」をやろうというのがいちばん真ん中にあると中西さんはずっと言っていました。「よい仕事」をやるためには、一人ひとりが主人公意識を持たないといけないという、かなりシンプルな話なんですよね。

でもその「よい仕事」というのが、実は今の労働組合の話にも関わっている。働き方とか働く条件は問題になるけど、やっている仕事の質とか意味とか価値を議論したり、自分たちで評価したり、自分たちの仕事の質を研究したりということはどうなのか。たとえば、自治体職員の自治研だとか、日教組の教研集会とか、そういう場所が労働組合として持たれていたと思いますが、経営者と運命共同体になり、仕事の質は置き去りにされ、どれだけ利潤を上げられるかということにシフトしていき、経営者側に吸い寄せられていく傾向は強まったと思います。自分の人間的な仕事に対する評価とか、意欲みたいなことはスポイルされていくという経過をたどってきたのではないか。その中でワーカーズコープは、「よい仕事」というキーワードをずっと守り続けてきたわけで、その重みはすごく大きい。

広井　わたしは労働の領域はあまり詳しくないですけど、ＩＬＯ（国際労働機関）でディーセント・ワーク（※6）という考え方がしばらく前から出ていますよね。それよりかなり前の話ですよね。

古村　ディーセント・ワークが本格的に出てきたのは21世紀に入ってからです。労働者協同組合が「よい仕事」を言いはじめた1980年代は、日本がバブルに突入する時期です。

広井　そのころにもう法制化を議論していたんですか？

古村　まだしていません。ただ、「よい仕事」は1979年から言っているので、相当古いキーワードです。幼稚な言葉ととらえる人もいたでしょうね。わたし自身もバブル世代ですから、イケイケの世代じゃないですか。何で「よい仕事」？と思いました。「よい仕事」には、いろんな評価の仕方があるんですけど、広井先生にお会いして、話が膨らんでいくいちばんの条件は、やっぱりケアの領域の仕事がはじまっていたからです。

広井　たしかに介護保険制度（※7）が2000年に施行されて、ケアとか高齢者介護への関心が、労働者協同組合の中で非常に高まったそうですね。そこと結びついていったというのがまた大きかったわけですよね。

一人ひとりが主人公として

古村　大きなことを言いつつ、やっているのは草刈り、清掃、物流だったじゃないですか。委託だから元手となるお金はあまりいらないということと、予定したお金が定期的にちゃんと入ってくるので、経営としてはわりとやりやすかったわけですよ。

その中で「みんなが主人公」と言って「よい仕事」をやっていくわけだけど、バブルが崩壊して、委託金額を下げられないか、今度はもっと安いところに任せるから、と言われて、結局自分たちで主体的に話し合って決めていると言いながら、肝心の仕事が続けられないという事態になるわけです。

それで、自前の仕事という話と、「よい仕事」をもう少し膨らませて「人と地域に役立つ仕事」という考え方が生まれ、そこに介護保険がはじまりました。高齢化社会の到来が叫ばれ、「ゴールドプラン」（※8）とか、「新ゴールドプラン」が検討されて介護保険ができました。1995年ぐらいからそういう分野で働く人たちを増やそう、そういう仕事をやろうというので、ヘルパー講座を開催して、その中で介護の「よい仕事」とかケアの「よい仕事」とはどういうことかという話になっていき、「コミュニティケア」ということが目標となりました。

たとえば、今度の労働者協同組合法では、事業の制限はないので、何でもやっていいという話ですけど、実際に今やっている仕事の領域は、実はNPO法（192ページ※2参照）で規定されている20の活動分野（※9）にちゃんと収まるわけです。では活動分野に限定がないということにどのような意味があるのかを考えると、NPOを最初に立ち上げるときに、あそこの川をきれいにしようとか、20分野のうちこれをやるNPOと決めるじゃないですか。ところが、設立から20年経って、活動分野がひとつから5つというように広がっているNPOはあまりないということです。要するに、活動分野を次々と広げていくというNPOは実はあまりないわけです。

ところが、ワーカーズコープはNPOも活用しながらだけど、高齢者の介護から障害者福祉や就労支援などに広げて、若者や生活困窮者支援をテーマに農業をやったりと、「よい仕事」ということを考えながら、介護保険などの制度も活用して、制度の枠も超えて仕事を広げてきたわけです。そうしないと「よい仕事」にはならないからです。**分野やテーマを踏み越えていくことが、「よい仕事」をやる上で、必然なんだ**ということをずっと感じてきたということです。

だから、掃除をやっている人たちが、ヘルパー講座を受けて介護の仕事をやる。介護の仕事をやっていて、引きこもっている人たちを連れ出さなきゃいけないからと、移送や配食などの仕事をやる。個人レベルのやるべき仕事の領域が多機能化していくのと、組織としてやっている領域が広がっていくというのは、何か目新しい分野やテーマにポンポン飛んでいっているというよりは、仕事を起点に横に広がっているということだと思います。

すべてがつながっている

広井　どうしてNPOでは、広がらないのでしょうか?

古村　それは、むしろNPOの人に聞きたいんですけど……。たとえば、環境問題をやっていたら、ここは農業の課題と隣り合わせだから、やはり農業に自分たちも入っていかないと解決できないといったことが結構あると思います。環境のNPOと農業のNPOが連携しましょうという話はあるかもしれないけど、何で広がらないかというと、そこには労働を新しくデザインするということがない、労働と経済はくっついていると思いますけど、NPOにおける労働のあり方というこだわりが乏しかったことが、仕組みの問題としてよりは、マインドの問題としてあるのではないか。しかしこの課題は、NPOに限った話ではなく、企業一般にも言えることのようにも思います。

広井　たしかに労働とか経済もそうですけど、それは横断的というか、あまり分野に限定される話ではなくて、かなり普遍的というか、全部つながっているところもありますからね。

わたしも専門ではないので、詳しくはわかりませんが、NPO法というのは阪神・淡路大震災がきっかけでできたと理解しています。基本的にはアメリカ的な非営利組織のモデルというか、出資の規定はなくて、さっきおっしゃられたような完全な非営利。だからわたしから見ると土台がちょっと弱いというか、労働とかそういう基盤がない。ワーカーズコープの場合は労働という基盤に根差して経済とつながっているので、そこはやっぱり強みだということですよね。

アメリカ型と言ったのは、ヨーロッパの場合はまさに協同組合とか、そういう労働とかの土台に根差しながら協同的で非営利的な活動を行うという基盤がしっかりしていると思うからです。

古村　NPOの話だけでなく、実は協同組合も日本の場合は縦割りになっていて、横展開するということはほとんどできていませんでした。しかも領域限定みたいなことがあるわけです。ようやくここ10年くらいかけて協同組合が地域で横につながって、もっといろいろやりましょうという流れが強まってきました。たとえば、SDGsを積極的にやるにはどうしたらよいのかを考えるときに、生協は生協でやる、農協は農協でとバラバラにやるのではなくて、協同組合というひとつのセクターとしていっしょに取り組む方が高い効果が得られるはずという議論が広がってきています。

客観的に見ると、協同組合の陣営でも、NPOのような非営利の団体の陣営でも、労働者協同組合はかなり異質な存在だと思います。地域とか、コミュニティをどうしていくのかをいつも考えているから、どこかが勝って、どこかが負けるみたいなことでは済まされないということになる。

広井　それは時代の構造変化とつながっていますね。どんどん経済が大きくなっている時代というのは、株式会社という形態がいちばんフィットします。とにかく利益を拡大して、激しく競争して全体のパイがどんどん大きくなっていく。さかのぼると、1600年に設立されたイギリスの東インド会社のような、資本主義のはじまり、株式会社の最初の形態みたいなものができて、それ以降、資本主義経済がどんどん大きくなっていきます。そういう時代があって、19世紀後半にはヨーロッパで協同組合ができたわけですけど、20世紀以降は完全に株式会社の時代になってしまいます。

今はもう資源も環境も限界に達して、構造的な成熟経済、低成長になっています。つまり株式会社の形態がフィットしない状況になってきて、それで協同組合的な、さっきおっしゃられた連帯する、協力する、相互扶助みたいなことを入れていかないと、時代の状況に合わなくなっているのではないか。ちょっと話を大きくしましたけど、そういう時代の構造変化とつながっているような気がします。

「三方よし」の心がまえ

古村　わたしも1600年に株式会社が登場してからずっと見ていったときに、協同組合がヨーロッパで生まれたのはあくまでも資本主義に対するオルタナティブとして登場していると思うんですよね。だけど協同組合の前に、協同の原理で生きていくとか、暮らしていくのは、コミュニティの中にはいろんなところにあったと思います。

しかも日本では、テツオ・ナジタさんの『相互扶助の経済』(※10)にあるような、協同の原理で働く・暮らす・生きるということが、協同組合という仕組み以前の経済的な活動の中にあったはずなんです。その基盤はコミュニティだったと思います。もう一回そこに戻っていくような感覚と言うんですかね。

広井　今言われたテツオ・ナジタさんはハワイ出身の日系アメリカ人で、シカゴ大学の教授を長く務めた思想史の学者で、『相互扶助の経済』はわたしも非常に印象深い本です。経済とはそもそも何なのかと問われていて、われわれは経済というと利潤極大化の経済を思い浮かべますが、そうではなくて経済というのはもともと相互扶助の経済だったという話です。

テツオ・ナジタさんによると、日本にはそのＤＮＡが江戸時代にあって、たとえば「講」とか「無尽」とか、みんなでお金を出し合って病気や災害のときに備える。あれが相互扶助の経済であると。それから、二宮尊徳の報徳思想、あれはまさに経済と倫理の一致みたいなもので、経済門と道徳門のふたつを立てて、倫理性がないと経済はだめだと言っています。経済だけで表面的な利潤追求だけではだめで、倫理だけ説いていてもだめで、両方結びつかないとだめであるということで、これまさに協同労働みたいな話と非常に重なると思います。

それから、近江商人の心がまえとして伝えられる「三方よし」。これはまさに相互扶助の経済ですよね。江戸時代には定常経済（※11）のようなものがあったのに、明治以降に資本主義になっていく中で、そういうことは忘れ去られていって、株式会社の世界になっていき、今や成熟段階に入って持続可能性が問題となっています。ただし、ただ過去に戻るというよりは、新しい形の相互扶助の経済が浮かび上がってくるという時代で、まさに協同労働とぴったり重なると思います。

古村　**相互扶助の経済というのはケアの営み**であり、それがコミュニティを舞台に展開される人間の特性みたいなものなので、コミュニティケアというのはすごくすっきりしていると思います。コミュニティをどう維持するかという営みです。

「ともに生きていきましょう」の発想

広井　ケアというテーマでいうと、『看護学雑誌』（※12）で古村さんと対談する機会が一度ありましたね。

ケアというと、訪問介護にしても、保育にしても、「ケアする人」「される人」みたいに一対一の関係で考えがちなのに、古村さんは、ケアというのはコミュニティとつながっている、とそのときお話しされていた。ケアというのがバラバラにあるのではなくて、コミュニティという基盤、さっきの支え合いの経済みたいなのがあって、コミュニティが生きてくると。似たようなことをわたしも考えていて、非常に印象深く受け止めました。

当時から、ワーカーズコープは、「よい仕事」の土台の上に、介護保険ができて、介護とか保育に取り組む中で、ケアからコミュニティにつながっていったという印象を持っていました。

古村　ケアを日本語にするといろいろな言葉が出てきますけども、コミュニティケアを考えれば考えるほど、テーマになっているのは「関係」ということではないかと思いました。人と人の関係とか、人と自然の関係とか、もう少し言うと、「ケア」＝「ともに生きていきましょう」ということなのではないかと思っています。そのための気遣いだとか、直接的な手当てもそうだし、仕事としての介護も全部「ともに生きていきましょう」がいちばんのベースにあって、ケアという概念があるのではないか。だから、協同組合はとても親和性が高いのではないかと思います。

広井先生の本で最初に読んだのが『日本の社会保障』（岩波書店、1999年）でした。年金とか介護保険もそうですけど、社会保障の仕組みが登場してくるプロセスは、政策が世の中を引っ張っていくよりは、世の中が壊れたり構造が変わったりすることをどう支えるかということで登場してくるわけですよね。逆に言えば、その仕組みがない時代は、それがなくても社会が機能していた。その話と、人間の三世代論の話はわたしの中ですごくおもしろかったんです。

広井　社会保障は、英語でソーシャル・セキュリティです。セキュリティの語源をたどると、まずseはwithoutというか、「何々がない」という意味で、curityは、curaというラテン語からきていて、ケアという意味です。つまりセキュリティはウィズアウト・ケアで、ケアがないという意味になります。ややこしい話ですが、ケアのもともとの意味は憂いとか心配とか不安ということです。ウィズアウト・ケアは憂いがない、心配がない、悩みがないことで、社会的な悩みがないことが、ソーシャル・セキュリティです。

ケアは、もともとはそういうマイナスの意味だったんです。それがある時期から変わって、世話をするとか配慮するとか手助けするとか、プラスの意味に変わっていきました。たとえて言うと、日本語で「気を使う」というのと「気を配る」という言い方がありますが、「気を使う」はどちらかというとマイナスな意味で、「気を配る」はもう少しプラスの意味がありますよね。そういうふうに変わっていったのではないかというのが、わたしのケアについての考えです。

古村　ケアやコミュニティを考える上で、重要なもうひとつのポイントは自然です。「個があってコミュニティを形成し、そのまわりに自然がある。しかし、自然からコミュニティが離陸していく、コミュニティから個人が離陸していくという歴史をたどってきた中で、これからはもう一度個人がコミュニティに着陸する、コミュニティが自然に着陸する」。広井先生は本の中でたびたび、そのような話を展開されています。

介護されるだけの存在ではない

広井　わたしの中にも流れがあって、90年代に高齢者介護の研究会をやったときに、日本の高齢者介護の議論に疑問がありました。わたしは三世代同居の中で岡山の商店街で育って、おばあさんとおじいさんがそれこそよく大阪に仕入れにも行っていて、バリバリで働いていました。つまり、わたしの中で高齢者というのは生き生きした存在なんだけど、高齢者介護の議論は、高齢者というのは介護される存在として、その人がどういう人生を送ってきたのかとか、どういう特技を持っているとかを全然見ないで進められていました。

そう考えていると、「『老人と子ども』統合ケア」という高齢者と子どもをいっしょにケアしている例に出会います。おもちゃ美術館をつくった多田千尋さん（※13）というおもしろい人がいます。以前は東京の中野にありましたが、今は新宿に移転して、小学校の跡地をつくり変えて「東京おもちゃ美術館」になっています。この方が、老人ホームの中におもちゃ美術館というのをつくって地域の子どもが自由に出入りできるようにした。高齢者が子ども相手に話をしたりして、ただ介護を受ける存在じゃなくて、子どもと組み合わせることでプラスの効果がお互いあるという実践をしていました。

そこで、「『老人と子ども』統合ケア」について調査をしていると、また疑問が生じてきた。高齢者だけ切り離すのはだめだけど、高齢者と子どもだけを切り離すのもまたおかしいのではないか。やっぱりコミュニティがあって、それで高齢者と子どもがいるということに気がつきました。古村さんの言うように、ケアというのは一対一の関係ではなくて、あるいは高齢者と子どもだけ切り離してもまだ不十分で、コミュニティで考えないといけない。

さらに、コミュニティもまた、自然という土台の上にあるわけだから、コミュニティのことを考えていくと、自然とか環境の話を無視することはできないわけです。だからおのずとコミュニティが自然の話につながる。農業も自然に対するケアで、人間が相手だけではなく、自然の世話をするのもふくめてケアと言えます。ワーカーズコープがケア、コミュニティ、自然とか農業とか、その辺をずっとこれまでテーマとしてこられていることは、わたしの関心とも重なる取り組みだと思います。

古村　世の中のいろんな仕事を専門化していくのは、それまでわからなかったことを解明していく重要なプロセスだったと思いますが、一方では、全体性を失った仕事のあり方を広げていった感じもしていて、さっき言ったように「よい仕事」が起点になって横に広がっていくのと、それとは違う世の中の流れがぶつかり合ってきたと思います。ただ今の話で、自然があってコミュニティがあって個人があるという話と、人間の三世代という話を受けて、最近思うのは、コミュニティは、人間同士が心地良く生きていくためにつくられたものなのか？という疑問なんです。

コミュニティにとって自然はむしろ脅威であり、定住そのものも人間の歴史ではまだほんの一瞬でしかないわけです。生きていくために食料とかいろんなものを確保しようと移動しつつ定住していく中で、絶えずさらされているのは自然からの脅威であり、そこから守るということを、個人のレベルではなく、集団のレベルでやるというのがコミュニティですよね。ということは、自然との関係抜きにコミュニティを人間同士の関係だけに矮小化すると、間違えるのではないかと思います。

広井　言い方を変えると、人間は生きていくためにコミュニティをつくったわけですね。だから、人間は本当にか弱い存在だから、それだと常に自然の脅威にさらされて落ち着いて生きていけないから、コミュニティをつくって、自然の脅威に対応しようとしたわけですね。いきなりポンとコミュニティが出来上がったわけではなくて、生きていくためにコミュニティをつくった。そういう意味では手段だったんですけど、ただそれが手段に終わらず、進化の過程でコミュニティとつながることで、愛情とか、自分が役に立っている、それで認められる、誇りであったりよろこびであったり、そういうことがまたプラスのものとして出てきたわけです。

さらに人類史みたいな話になりますが、農耕によってコミュニティが強くなり、近代社会になると、今度はそのピラミッドのいちばん上の個人が中心になる社会になって、自由を追い求めていったのがまた限界に結びついて、もう一度新たにコミュニティとか自然とつながるという、そういう状況に今あると思います。

腸のゴールデンタイム

古村　その点で言うと、さっき労協法が20年前にできていたら、もっと違うものだった、野放しされていた時期があったと言ったじゃないですか。ある意味、何かしばるものがないので、本能的な

20年になったわけです。

つまり、仕組みやしきたりが社会の中では必要なんだけども、その世界の中だけで生きていると必ず生きづらくなっていきます。**それは人間という存在が自然の中の一部だから**ということです。人間はロゴス（論理や理性）を生み出し、ロゴスを持たなければ社会は成り立たないのだけど、すべてをロゴスで支配して、ピュシス（自然）を消し去ることで、生きづらさが頂点に達するみたいな話があります。先に仕組みがあって、管理されて組織をつくっていくというプロセスではなく、ピュシス的にワーカーズコープなるものを模索する時間があったということが、良かったのではないかと思っています。

そのことと「森のようちえん」（56ページ※11参照）がわたしの中ではつながっています。子どもの時期に自由に遊ばないで、保育園ではこうしなさい、幼稚園ではこうしなさいとルールにしばられて育つのと、保育園の中にしばりはあまりありません、好きに遊んでいます、ケガをしました、病気になりました、ケンカしました、みたいなことを経験するのは、後々決定的な違いになると思います。

「個体発生は系統発生を繰り返す」（※14）と言われますが、一人ひとり個人の人生のプロセスというのは、子どもの時期は狩猟採集なり、原始時代の人間の生きざまみたいなことを体験し、70年、80年という人生の中で人類の進化の過程を追体験するという考え方です。その体験を経ないと進化をベースにしない人間が登場するということで、それは結構当たっているなと思っています。

自然とコミュニティと個人の切れた関係をどうつないでいくのか。個とコミュニティは協同組合とか協同の力でつながるということが、かなり理解されてきたと思います。問題は、コミュニティと自然がどうつながっていくか、それがこれからのテーマになりそうです。

自然と言ったときに、空気とか、水とか、木々とか、そういうものもたしかにあるわけですけど、わたしの関心は、体の中の自然ということです。NHKでやっていましたが、脳がすべてをコントロールしているわけではなくて、腸は腸でちゃんと自分の意思で働いており、ほかの臓器とネットワークを組んで働いているという話です。胃とか腸の働きは脳ですべてをコントロールできないわけです。これが自然界みたいなものだとしたら、まず自分の中にある自然を感じることがすごく大事な話だと思っていて、何を食べるかによってどう働くかは決まるわけです。

また話はずれますが、腸のゴールデンタイムがあるという話を知っていますか？　朝起きてから十何時間後からが腸がいちばん活性化する時間帯になるそうです。朝7時ごろ起きると、夜の

10時ぐらいからが腸のゴールデンタイム。なので、夜10時ごろに発酵系の食事をするとやせるという実験をテレビでやっていました。バラエティ番組ですけど（笑）。

ただ、人間の体の中にある自然も独立して存在しているわけではなく、外にある自然と空気や食べ物を通じてつながっています。本来人間は、そういう感覚を生活の中で持っていて、その大切さだとか難しさもふくめて感じながら生きてきたから、自然と共存できたんだろうと思うんです。労協法になぞらえて言うと、人間という雇用主は地球上のあらゆる生物を雇って自由に操れるという錯覚を起こしている気がするわけです。人間という雇用主がすべての生き物を労働者にして従わせている、そういうことが可能だと人間が思い込んでしまっている。この雇用、被雇用の関係を壊していくとどうなるのか。

八百万の神の存在感

広井　今の話は、今日の肝になる話ですね。『サピエンス全史』（河出書房新社、２０１６年）を書いたハラリ（ユヴァル・ノア・ハラリ）が言っているのは、今地球上にある生物的なものを重さで見ると、1、2割ぐらいが人間で、野生動物はもう1割もいないぐらい。残りは全部家畜、つまり牛とか豚とか人間が食べるものであるということです。だから、生物相（※15）をほとんど人間がコントロールしているという状況にあって、まさに雇用主に人間がなって、ほかは労働者という構造というのはまったくその通りだと思います。

古村　自然の中に潜んでいる人間にとっての富を、自由に動かしたり集約したりするということが、コロンブスがアメリカ大陸に到達したぐらいから、どんどん大きくなっていくじゃないですか。人間同士の富の奪い合いだけど、そのあたりから、人間が自然界を支配しコントロールできるという考えになっていったと思います。イタリア料理のもとになっている食材は、実はイタリア原産はあまりないという話を聞くと、人間が地球を好き勝手に使っているという言い方はよくありますけど、労協法的に言うと、経営者が雇用している（支配している）みたいな構図は、自然との関係ではそもそも成り立たないのではないかと思います。その関係は壊れるはずです。

広井　ということは、人間と動物とか生物との協同労働みたいなことを目指すということですよね。

古村　ＳＤＧｓみたいな話もありますけど、そこに多分日本独自の伝統とか文化みたいなことから来る協同のあり方とか共生のあり方というのが、世界的にも示し得るスタイルのひとつだと思います。

広井　今の話でわたしが連想したのが、ささやかながらわたしがここ10年あまり進めてきている「鎮守の森コミュニティ・プロジェクト」です。神社とお寺が日本にそれぞれ8万カ所ぐらいずつあって、コンビニの数の6万よりも多いと知って驚いたんです。重要なのは、ローカルなコミュニティの拠点であると同時に、八百万の神様という言葉に象徴されるような自然観です。近年とくに関心が高まっている生物多様性という言葉は、何かピンとこないと感じる人も多いのではないかと思うのですが、八百万の神様と言ったら、わりとわかりやすいと思っています。風の神様、木の神様、岩の神様というふうに。

自然信仰、アニミズムとも言われますけど、自然がある種、内発的な力を持っている鎮守の森というのは、日本の自然観、自然信仰とコミュニティが結びついているものです。「鎮守の森コミュニティ・プロジェクト」は、そうした鎮守の森を現代的な課題と結びつけて展開していこうという趣旨のもので、①鎮守の森・自然エネルギーコミュニティプロジェクト、②鎮守の森セラピー、③鎮守の森ホスピス、④祭りと地域再生という柱で進めています（鎮守の森コミュニティ研究所ホームページ参照）。このうち①の鎮守の森・自然エネルギーコミュニティプロジェクトは、鎮守の森を地域での小水力発電などの自然エネルギーと結びつけてやっていこうということで、たとえば秩父神社のある埼玉県秩父地域で地元住民の方々と連携して小水力発電の導入を行ったりしています。

話をもとに戻すと、**日本に残っている八百万の神様的な自然観は、環境問題や生態系保全との関係で、現代的な意味を持っている**と思います。古村さんが言われた日本の伝統的な自然観、生命観みたいな話はそういうところでつながってくるのではないかと思います。

古村　里山はまさに日本的な文化です。ヨーロッパにはないし、里山が多分八百万の神という精神性をかろうじて守ってきた場所ではないかと思います。

広井　古村さんが自然のことを言われて、わたしも自然はいろんな意味で大事だと思ってきているんですけど、たとえばアメリカの作家で、リチャード・ルーブ（※16）という人が『あなたの子どもには自然が足りない』という本を書いています。基本テーマが「自然欠乏障害」です。要するに、ストレスとか慢性疾患など現代人の多くの病気は、もとをたどると自然とのつながりが欠乏していることに行き着くという説で、わたしも本当にその通りだなと感じています。

わたしが千葉大学に勤めていたとき、東京に住んでいたんですけど、大都市で暮らしていると本当にストレスがたまって、時間の流れが早く、無意識のうちに無理をしているような感じがありました。それで、1999年ぐらいから八ケ岳によく行くようになって、そこで自然に触れるとだいぶ精神のバランスが戻ってくる経験がありました。

ワーカーズコープは、「森のようちえん」などもやられていますけど、自然とのつながりとか触れ合いは本当に大事だと思います。繰り返しになりますが、ワーカーズコープは最初のころから自然とか農業のことを言っているところが非常に新鮮で、わたしにとっては驚きでした。

過疎でも過密でもない道を

古村　日本の未来の持続可能性について、最近AIを使って研究をやられていますよね。シミュレーションの結果は、分散型多極集中。一極集中でもなく、多極分散でもなく、多極集中という言葉の持っている意味を改めて教えてほしいと思います。わたしなりに理解したのは、一極集中は過密な世界であり、超過疎を生み出す。一方で、多極分散は疎がものすごく多くなって、コミュニティ形成にたどり着けないということです。多極集中は、ほどほどのわりと緩い感じのコミュニティがたくさんあるという、そんなイメージでよいですか。

広井　まさにその通りです。補足すると、ＡＩを使って日本の未来が持続可能であるためには、どうしたらいいかというシミュレーション研究ですね。日立京大ラボというのが京大につくられ、そこの共同研究で２０１７年に最初のバージョンを公表しました。２０５０年に向けて日本が持続可能であるにはどうしたらよいかという関心から出発したシミュレーションで2万通りの未来を分析したんですが、出てきた結論は、今の古村さんの話とつながっていて、東京一極集中のような都市集中型か、地方分散型かが、日本の未来にとって最も大きな分岐点で、格差とか人口とか幸福とかさまざまな面で分散型の方がパフォーマンスがいいという結果でした。

分散型というのは、もう少し正確に言うと、まさに古村さんが言われた多極集中と呼んでいるんです。わたしから見ると、一極集中と多極分散は、実は表裏の関係で、人口や経済がどんどん大きくなってきた時代に東京一極集中ではだめだから多極分散と言われました。だけど、今のような日本全体の人口が減っているときに、多極分散だと低密度になりすぎるというか、スカスカになって疎になります。だから一極集中でもその反対の多極分散でもない多極集中というのが、これからの日本では望ましいというのがシミュレーションの結果です。

多極集中というのは、わかりにくいかもしれませんが、要するに極がたくさんあって、それぞれの極は、歩いて楽しめる商店街があるとか、ある程度集約的な空間というか、都市や地域になっているということです。言い方を変えると、グローバリゼーションではなく、ローカリゼーション、ローカルを大事にするということです。「地域から離陸していくのではなくて、地域に着陸していくのがこれからの時代だ」という言い方をわたしはしています。労協法の第一条にある持続可能な地域は、まさにローカリゼーションとか多極集中の話と重なっている。ワーカーズコープに今の時代の流れが非常にフィットしていると思います。

北海道東川町がおもしろい

古村　地方創生はもともと人口減少に対する各自治体の戦略モデルでした。第一期はとくに人口をどう増やすかという無理難題で、ほぼ予定通りに行きませんでした。第二期に入って、今の過密でもなく過疎でもないということを地で行っている事例で言うと、今いちばんわたしがおもしろいと思っているのは北海道東川町です。「適疎」という言い方をしていますけど、今8500人ぐらいで、もう人口は増やさない、増やすとしたら関係人口と言っています。なぜかというと、人口が増えたら田んぼを潰して宅地にしなければいけないということが起こってきます。つまり、人口のサイズというのは人間のコミュニケーションとか民主主義みたいなことからどれぐらいがいいかという話と、ベースとなる自然資源とか自然環境のポテンシャルから見て、どれぐらいがマックスなのかという両面があると思うんですよね。

後者の話は、東川町ではすっきりしていたのと、前者の話も、そんなに広い場所ではなく、かなり狭い面積のところなので、お互いの顔がわかるというような話とつながっているなと思っています。まったく閉ざされていて、物理的にも距離があっていろんなものを手に入れるのに極めて不便みたいな田舎はもう事実上なくなりはじめていると思います。デジタル化して、情報が疎遠になるとか、欲しいものが売ってないということが解消されている。地方に行った方が生きていくための生命資源的なものはたくさんあるわけだから、あとは自分たちの行い次第とも言えます。逆に都市は、生きていくために必要な資源、食べ物、エネルギーをお金で買っている場所。お金がなくなり買えなくなったら生きていけないわけです。

生きていくために欠いてはならない資源をお金で売り買いする割合がどんどん大きくなってきた結果が今のどん詰まりだとしたら、**お金ですべてに決着をつけない経済は、ローカルなところでしか生まれない**気がするんですよ。

わたしの故郷の京都府京丹後市でまちづくり講座をやって、12人参加していました。話の流れで、最近物価高で本当にみなさん大変ですよねと言ったら、みんなポカンとしていて。生活が苦しくなった実感はありませんかと聞いたら、「いや」との答えが返ってきました。だって、食べ物は身近でつくっていてお裾分けもあるし、みたいな話ですよ。

広井　逆説的な面もありますが、ウクライナの状況からの影響もあって、食料とかエネルギーとか、自前でやらないと本当に危ないとだいぶ認識が変わってきました。グローバル経済ありきでナショナル、ローカルと考えていたのが、ローカリゼーションというのは逆の発想で、まずはローカルの経済状況があって、それからローカル、ナショナル、グローバルへと積み上げていくという発想です。このまま全部グローバル経済依存でやっていたら、ものすごくリスクが大きいと経済系の人も気がつくようになってきているので、ある意味でチャンスだと思います。今までは貿易立国で、とにかくグローバル経済に乗り遅れるなということで、農産物も全部輸入でいいんだという発想でやっていたのが、それではものすごく危ないということにだんだん気がつきはじめた。

マーケットの役割を問い直す

古村　たしかにウクライナの話も、初期の防衛力の強化とか核の共有とか、そういう話から食料がないとか、エネルギーが来ないという話になっているので、軍事にお金をかけるよりも、ちゃんとこっちをやらなければいけないと、世論は一定程度底上げされているように感じます。

広井先生が言うコミュニティ経済みたいなことの具体的なイメージを、わたしなりに思い描いているのは、ポランニー的（※17）に言うと、互酬性（195ページ※20参照）と交換と再分配という3つの経済構造があるとして、さっきの京丹後の話はまさに互酬性ですよね。

昔はお金も払わずにカニをたらふく食べていたせいか、わたしはカニを食べるのが面倒だし、一時嫌いになったりしましたが。要するに、相互のお裾分けみたいな話ですよね。一方で交換というのも、今のグローバルな市場経済というよりは、それこそ、海辺と山のちょうど間でお互いが持たざるものを交換し合う場所がマーケットだったわけだから、コミュニティとコミュニティをどうやって結びつけたり、コミュニティ同士がどうやってお互い助け合ったりして生きていくかというものだった。交換の原理、市場の原理をもう一回見出していくことが必要です。

再分配は、まさに税金、公金をどう使うかという話なので、日本社会全体の価値観をどう立て直していくかという流れとして描いていくと、ワーカーズコープの中の組合員同士の互酬性みたいな話とワーカーズコープが生み出す仕事の持っている経済性みたいなことを、どこでどう測るのかが重要であると思っています。ワーカーズコープの事業の収入源は厳密に見ていくと再分配のお金が結構入っているわけです。だけど、本当の意味でコミュニティ経済の一翼をワーカーズコープが担っていくあり方としては、互酬はお金にならないから、労働とイコールではないんですけど、社会連帯活動みたいなことで、子ども食堂やったり小農やったり、いろんなことでお裾分けみたいなものが膨らんでいけばいいと思っています。ワーカーズコープも一員となった互酬的な経済活動とローカルな交換をどうつくっていくかが、この先5年から10年の最大の課題ではないかと思っています。

広井　わたしなりに補足すると、お話が出てきたポランニーが、人間の経済活動は3種類あると言っていて、それが互酬性と交換と再分配です。互酬性はさっきの相互扶助で、これはコミュニティに対応していて、交換は市場、マーケットに対応しています。再分配は政府に対応しています。これはわたしもまったくその通りだなと思います。

市場経済は、コミュニティとコミュニティの間をつなぐ、あるいは開いていくものなので、市場経済を一概に否定すべきものではありません。**互酬性、交換、再分配、この三者の望ましい関係をどう築いていくかは、これからの社会を考えていくにあたっていちばん基本にあるテーマ**だと思っています。ワーカーズコープがその三者のバランスを考えているのが印象深いと思いました。それで、交換のところをどういうふうにワーカーズコープの中で位置づけていくかというお話でしたよね。

古村　そうです。それがすごく大事になってきているなと思っていて。再分配の公のお金、官を介したお金の循環みたいなことはそれなりに役割を果たしていると思いますが、実は組織の中でも役割を果たしていて、ケアの仕事は人がいないと仕事にならないので、人口が多いところで大きくなってきたわけです。東日本大震災以来、田舎でも少しずつ広がってきましたが、利益という意味でいうと、やはり都市部で利益が上がっています。その利益は、たとえばまだ黒字にならないところに、全体として循環しているから、まさに再分配の機能が組織の中でも働いていることになります。

だから、公のお金も使うし、内部でもそうやっているわけだけど、それをやり続けるだけでは多分続かないだろうなと思っています。だんだん世の中が変わりはじめて、ローカルの価値みたいなことが出てきて、コミュニティのあり方とはこうなのではないかという試行錯誤があちこちで起こってくるプロセスの中で、互酬性とコミュニティの間にある市場原理が、ワーカーズコープの事業からどう立ち現れてくるか、これがやっぱり重要です。だから、コミュニティをベースにしたワーカーズコープは、そのことを体現する存在だと思っています。

この存在感はまだ具体的には見えていません。ただエネルギーというと、すぐに電気の話になってしまいますが、昔のエネルギーは、森林資源から多くを賄《まかな》っていたわけです。だから、山の近くに人が住み、そこで木を切り、炭に変えて町場の人たちに売ったわけですよね。

新しい学校のあり方

広井　今古村さんが言った話は、これからの資本主義の話にもつながり、市場経済というのは否定されるべきものではなくて、うまく使っていくべきもので、市場経済がないとコミュニティだけではやっていけない、コミュニティ経済というのは、市場経済とコミュニティという一見異なるものをうまく結びつけていく趣旨だと思います。わたしがコミュニティ経済の例として考えているのは、さっきの商店街みたいなことです。つまり、商店街は物を売り買いする市場であり、人と人とが触れ合ったり、そこで会話が生まれたりするコミュニティでもあるわけです。商店街とか自然エネルギーの関係にも市場的な要素が入っていますし、医療や福祉などケアの営みにも市場経済的な要素があって、農業もそうですよね。農業もコミュニティだけではなく、市場が必要になります。

わたしもまだ模索中ですけど、コミュニティと市場経済をいかに組み合わせていくかというのは、かなり根本的なテーマで、それをワーカーズコープがどう展開していくかというのは非常に関心があります。

古村　このことを考えるときに突きつけられるテーマとして、ワーカーズコープの組合員は、主には協同して働くという行為を通じて組合員たる存在意義を発揮するわけですが、ではそういう働きをしている一人ひとりがどう暮らすかが、これからポイントになってくると思います。所得の再分配機能は地方交付税などいろんな形があって戻っていきますが、そうして回ってきたお金を使って営まれる事業で売り買いしたお金がまた外に出ていっているから、地方の地域経済は穴の開いたバケツと言われるわけですよね。

だから、再分配されたお金がちゃんと回るような仕組みをつくろうと思ったときに、何が重要かという話になってくると、地域の資源を生かし、地域で生きていくことを支える部分が、やっぱりいちばんはじめに立ち現れてくると思います。それは食べ物やエネルギーのところだし、もうひとつは、新しい学校のあり方というのが、必ず出てくるだろうと思います。すでにその胎動は生まれていると思います。

国が決めてもいないのに、決めているふうに思い込んでいることのひとつに、学校の通知表があります。あれは実は出さなくていいものだということが伝わっていった結果、教科も、国語、算数、理科、社会とやらなくても普通に学校として認められ、お金も回る仕組みがあると知られるようになってきた。やっぱり仕組みの中だけで生きていくというよりは、仕組みをうまく活用して、仕組みの外の世界も射程に入れていくような世界が現れてくるだろうと思います。

労働者協同組合法ができて、この法律に書かれている中だけでどうやっていくかと考えたら、いずれどこかで窒息死すると思っています。できた以上はこの法律とともに生きていくわけですけど、これを起点に、これまで経験してきた実践をベースに試行錯誤して、法律そのものを定期的にメンテナンスしていくことを考えておかないと、法律との関係が客体になってくると思います。仕組みというのは絶えず劣化していくものだと思うので、ロゴスの世界はまさにそういうものだと思いますし、管理する圧力を強めていくので、そこはかなり自覚的にやっていく必要があると思います。学校経営の中に互酬性みたいなことを組み込んでいくようなことが出てくるように思うわけです。

「村を捨てる教育」の果てに

広井　これは根本的な社会のあり方に関わることで、わたしが「定常型社会」というのを考えるようになったひとつの出発点が教育の問題です。わたしは故郷が岡山ですが、中学校から試験の順位が出たり偏差値というものが出たりするようになって、何か得体の知れない「上昇のエスカレーター」に自分が否応なく乗せられているような感じがしました。しかしそうした上昇の果てに何があるのだろうか、本当に幸せがあるのか。そうしたことを不問にして、ただ上昇や成長ということを説く教育のあり方に強い疑問を感じたのです。

もうひとつは、「村を捨てる教育」という言葉があるようですが、そこの地域から出ていくのがいちばん優秀な子どもだという現実があります。だから、今の教育だと地域と教育が対立することになります。上昇もそうですけど、このテーマは本当に社会の根本的なあり方に関わっていると思います。だから、ワーカーズコープが学校をやるというのもすごく意味があると思います。

古村　先ほど「個体発生は系統発生を繰り返す」と言いましたが、「森のようちえん」がまさに狩猟採集の時代だとしたら、小学校、中学校ぐらいでようやく農耕ができるようになる。そういう経験をして人間になっていくという話としてとらえると、「森のようちえん」だけでは足らないわけです。明治以降の社会をつくってきた本丸のひとつがやはり学校制度だと思います。上から線路を敷いてきたわけだから、下から違う道筋をつくり直していくということは、本当に社会を変えていく基盤づくりという話です。それから、学ぶとか遊ぶということと働くということがどうつながるかに、ワーカーズコープがコミュニティ経済を支える上でのヒントがあるのではないかと感じています。

広井　それは完全な夢物語ではなくて、たとえばドイツでは、基本は地域ごとの大学に行くのが一般的になっています。それぞれは突出した大学というより、教育もふくめてローカルレベルでできるだけ回して循環していくという考えがあります。それは営利的なものではなく、コミュニティ的なものです。

理屈っぽく言うと、軸がふたつあると思っていて、ひとつはローカル・ナショナル・グローバルという空間軸みたいなもので、もうひとつはポランニーの言う互酬性＝コミュニティ、交換＝市場、再分配＝政府で、この組み合わせを考えることが基本です。わたしの中ではある意味答えが出ていて、ローカルなところから出発して、コミュニティと市場と政府をうまく組み合わせたような持続可能な福祉社会というビジョンです。**環境と福祉と経済のバランスが取れた、そういう社会全体の構想に今のワーカーズコープはつながっていく**と思います。

古村　今の話は、やはりもう一回ケアに戻ってくると思います。つまり、そういう社会のあり方を、人間の営みとして、あるいはケアという営みとして、もう一回見直していったときに、多様性に根差したケアみたいな話になる。これまでのケア論は、制度化されてくると、画一的なケア論みたいな話が出てくるきらいがあったような気がします。でも、もう一回チャレンジすべきは、多様性ということを前提としたケアとはどうあったらいいのかということです。わたしの最大の関心である自然とか生き物とか、八百万の神みたいなことにつながっていく話だと思います。「里山資本主義」の特集番組で、高知県内で育てた農産物が県外に出ていき、そこで加工されて割高になった商品として高知県民がわざわざ買って食べていますという話がありました。それで結局地域全体が赤字になっていますと。

わたしはそのような地域の農産物には3層ぐらいあると思っていて、これがあればこの地域で生きていけるという生活のベースになる層、それからさっき言ったお互いのないものを交換し合うという市場に出していく層、最後に希少価値があって明らかに高く売れる、たとえばカニみたいな層。そういう3層の構造があって、みんなが今一生懸命になって狙っているのは3つ目のぜいたく層です。それを買ってくれるのが東京、というようなロジックに思えてならないわけです。だけど東京に売ったところで、何かあったときに東京の人は助けてくれないじゃないですか。

隣近所で売り買いしたり、あるいはお裾分けしたりしていると、いざというときは助け合いの機能が働くと思うので、お金に換えるという意味では東京につながらないといけないかもしれませんが、お金に換わらないけど命につながる売り先というのは地域ということになると思うわけです。

Z世代と「木綿のハンカチーフ」

広井　ローカル経済、ナショナル経済、グローバル経済、それぞれの役割があるという話ですが、ローカルが大事だといっても、ナショナルやグローバルを否定するわけではありません。これもある意味ではバランスが大事で、ナショナルとかグローバルに依存しすぎると実はリスクが非常に大きいということです。さっきのウクライナの話とか、コロナのようなことが起こったときに、あまりインバウンドの旅行客に依存していると、それが起こっただけで倒産したりします。だから過度にグローバルやナショナルに依存しすぎるとリスクも大きいと言えます。まずはローカル、そしてナショナル、グローバルと考えていく方がいろんな面で安定しているということで、少しそこを修正していく必要があると思います。

若い世代のローカル志向とかZ世代（193ページ※8参照）という話もあります。わたしがいつも紹介するのは太田裕美の「木綿のハンカチーフ」（※18）です。彼が東京に行って都会の生活がもう楽しくて帰ってこなくて、涙をふく木綿のハンカチーフをくださいという歌です。これはまさに高度成長期的な世界観を象徴するもので、つまり人口増加の時代というのは、言い換えれば

「すべてが東京に向かって流れた」時代であったわけです。ところがここ10年あまり、ゼミの学生などを見ていて、ローカルとか地域とか地元といったものへの関心が明らかに高まっていると感じてきました。地元の町を世界一住みやすい町にしたいとか、地元の農業を活性化するとか、グローバルな問題に関心があって海外に行っていたような学生が、日本の地域にこそ課題もあるし可能性もあるということで、Uターン、Iターンするとか、もちろん全部じゃないですが、ローカル志向、地域志向が明らかに増えています。ワーカーズコープの話は若い世代へのメッセージとしても、これからの時代の地域への着陸ということで、意味があると思います。

これも持論ですけど、なぜ今多様性なのかと言えば、**高度経済成長期というのはいわば集団で一本道を登る時代だったわけで、ゴールはひとつで一本の道だから、多様性も何もなくて、同調圧力ばかり**でした。今は人口減少時代ですから、山頂まで登ったら、もう視界は360度開けて、まさにそこから先は多様ということになります。だから、時代の構造変化と多様性ということが重なっているという理解をしています。

古村　労働者協同組合法はわたしたちの欲求だったわけですけど、巷の欲求とも合致して法律ができたという感じがしています。かっこよく言うと時代の要請だけど、自分らしく働きたいとか、お互いを活かし合う仕組みを認めてほしいという、極めて人間臭い欲求がそこにはあったと思います。

広井　それは、とらわれない自由な働き方みたいなことへの欲求ですか?

古村　そうですね。やはり自由がキーワードになると思います。まさにロゴスからの自由ですけど。だけどそれは一方で、ロゴスとピュシスという構造の中で語るべき話で、自由は勝手気ままということではなく、大きな自然の原理の中で、本来の存在を発揮するという意味で、その存在を否定したり壊したりする、強制や支配の仕組みからの自由だと思っています。

（2022年9月）

対談内注釈

※1 GDP
Gross Domestic Productの略で国内総生産という。一定の期間に国内で生産されたモノやサービスの付加価値の合計額。国内景気の動向をはかる指標とされる。

※2『人新世の「資本論」』
斎藤幸平著、集英社、2020年。近代化による経済成長は、豊かさをもたらすのと引き換えに、気候変動など地球の環境に影響を与えてきた。その解決の道を探る。

※3 永戸祐三
ながと・ゆうぞう。中西五洲とともに労働者協同組合運動の初期からリーダーとして、組合員による仕事拡大や全組合員経営などを提起した。モデルとなる労働者協同組合として「センター事業団」設立をリードし、全国展開を牽引。1995年~2000年、2009~2016年の2度にわたり連合会理事長を歴任し、労働者協同組合法制定に尽力した中心メンバー。一般社団法人日本社会連帯機構代表理事。

※4 全日自労
全日本自由労働組合の略称。戦後の失業対策事業就労者などの日雇労働者を中心に結成された労働組合。いくつかの組織合同を経て、現在は全日本建設交運一般労働組合（略称建交労）として存続。労働者協同組合およびその運動とは一線を画している。

※5　**総評**

日本労働組合総評議会の略称。労働組合の全国中央組織として1950年に発足。戦後日本の労働運動に大きな役割を果たした。日本労働組合総連合会（連合）の発足により解散した。

※6　**ディーセント・ワーク**

働きがいのある人間らしい仕事のこと。1999年、国際労働機関（ILO）総会の事務局長報告ではじめて使われ、ILOの活動目標とされた。

※7　**介護保険制度**

介護が必要になった際、本人や家族を社会で支える仕組みとして、介護保険法が1997年に制定された。2000年施行。被保険者からの保険料などを財源に、介護をどの程度必要とするかの認定により、介護サービスを給付する。

※8　**ゴールドプラン**

高齢者保健福祉推進十か年戦略（1989年策定）のこと。高齢化社会を安心して過ごせるよう、施設および在宅福祉の整備目標などを盛り込んだ。ゴールドプランを見直した新ゴールドプランが94年に、その後さらに、介護保険導入に合わせてゴールドプラン21がつくられた。

※9　**20の活動分野**

NPO法は第二条で特定非営利活動の種類を定めており、「保健、医療又は福祉の増進を図る活動」「まちづくりの推進を図る活動」「農山漁村又は中山間地域の振興を図る活動」など具体的に挙げている。

※10『**相互扶助の経済**』
テツオ・ナジタの著書。『相互扶助の経済【新装版】　無尽講・報徳の民衆思想史』（五十嵐暁郎監訳、福井昌子訳、みすず書房、2022年）が出版されている。

※11 **定常経済**
GDPの増加あるいは経済規模の量的拡大を絶対的な目標とせずとも十分な豊かさが実現されている経済社会のあり方で、19世紀のジョン・スチュワート・ミルの議論にはじまり、ローマ・クラブの『成長の限界』をふくめてさまざまな系譜がある。

※12『**看護学雑誌**』
医学書院の看護総合誌。対談は2004年3月号に掲載された。同誌は2010年12月号で休刊となった。

※13 **多田千尋**
東京おもちゃ美術館館長。特定非営利活動法人芸術と遊び創造協会理事長でもある。

※14 **個体発生は系統発生を繰り返す**
「反復説」「メッケル・セールの法則」と呼ばれる。ある動物が生まれ、育っていくプロセスは、その動物が進化してきたプロセスを繰り返す、という説。

※15 **生物相**
ある一定の地域内で生きる生物の全種類を指す。

※16 **リチャード・ルーブ**
アメリカの作家。著書『あなたの子どもには自然が足りない』は早川書房、2006年刊。

※17 **ポランニー的**
カール・ポランニーはオーストリア生まれの経済学者。互酬・再分配・交換という概念から、経済をとらえた。著書に『[新訳]大転換』(野口建彦・栖原学訳、東洋経済新報社、2009年)がある。

※18 **木綿のハンカチーフ**
太田裕美は1974年デビューの歌手。「木綿のハンカチーフ」は松本隆作詞、筒美京平作曲で75年に発売された。多くの歌手にカバーされてきたヒット曲。

ワーカーズコープ未来ビジョン2023

豊かで多様な自然環境の中で生き合う～人間の未来を編み直す～

私たちは、多様な生命活動のかかわり合いと循環で成り立つ地球の一員です。しかし人類は、自然を支配し、気候環境や生物多様性をないがしろにし、持続不可能なものにしています。自ら生み出した「生存の危機」。それは、人間社会の分断や対立にもつながっています。

人間も自然の一部であることを自覚し、未来への希望を描き、社会を編み直すこと。「働く」ことは人間のあらゆる営みの土台です。その舞台は職場・くらし、「地域」へと広がっています。豊かでしなやかに「働く」営みが「経済」活動となり、「社会」と呼ばれる関係性を編み直していきます。そこでは誰もが当事者であり主体者です。「持続可能で活力ある地域社会の実現」をかかげる労働者協同組合法は、こうした未来への道のりを照らす一つの契機となるでしょう。

あらゆる生命との折り合いに「働く」ことを結び、「協同の体験」や「共生の体感」を深め、「生きもの」としての豊かな感性を磨いていくこと。私たちは多様ないのちの「働き」による恵みを、協同と共生の関係を育むことと結び、人間としての「働き」を探求していきます。

1.「働く」を変える～自らの手に取り戻し、仕事を研ぎ澄ます～

○「働く」ことの面白さやかっこよさを楽しみ、自分らしさを大切にし、くらしと調和した喜びあふれるワークスタイルを生み出します。

○「聴き合い・語り合い・学び合い」、「興味・関心・希望」をエネルギーとする挑戦を大切にし、成功も失敗も共有し、糧にする協同労働の文化を育みます。

○多様な人々が多様な分野で躍動し、「持続可能で活力ある地域社会」を可能にする「よい仕事」を誇りとします。

2.「地域／コミュニティ」が変わる～生き合う関係を無数につなぐ～

○お互いの関係が見える範囲のコミュニティを大切にし、自治の実感と文化を高めます。

○小規模で多様なコミュニティを無数に創りだし、多彩な関係と居場所を育みます。

○働き・学び・遊びの充実から個性と多様性、協同性を磨き、その経験から仕事とくらし、文化を結び、コミュニティにつなげます。

3.「経済・社会」が変わる～お金と効率に支配されない価値を創造する～

◯失業・貧困・戦争をなくし、支配・対立・分断のない、多様で豊かな関係を幸せの尺度とする社会をめざします。

◯それぞれの地域が個性を大切にし、「わかち合い」や「おたがいさま」でつながり、それぞれの魅力が輝く経済をひろげるために、非営利・協同の連帯を育みます。

◯循環と連帯を大切にするローカルでスローなくらしと、新しい民主的な分配のあり方を、多様な市民の対話を通じて形成します。

このビジョンは、活動の到達点や環境の変化に応じて、繰り返し見直していきます。

2023年6月24日

あとがき　古村伸宏

わたしは、新しい働き方である「協同労働」を実践してきました。「協同」を実感できる職場や、さまざまな関係を豊かにする努力を重ねてきたつもりです。しかし、それは暗中模索の旅でもありました。労働者協同組合法の成立には、法律をつくろうと動きはじめてから20年以上の時間を要したのです。

今回著名な方々との対話を重ねていくうち、自分の中で、埃をかぶって眠っていた過去がよみがえるとともに、それを解きほぐしとらえ返しているように感じました。しかも、情景が浮かび、音がよみがえり、においまでもが漂ってくる感覚です。人々が「協力する」ことは、人類史の根幹をなす要素であり、困難の中にあるほどに、美しく麗しい営みと感じます。しかし、思惑が交差する日々に、人々の関係は拭いがたく汚れ、醜く壊れることも少なくありません。自然との関係はさらに過酷だと言えます。「協同」という、一筋縄ではいかない挑戦を続けていくのはなぜなのか。自問を解き明かす対話に、やわらかい心地良さを感じました。問いを立て問い直す過程に、「対話」や「関係」を豊かに編み直していくヒントが眠っているのではないでしょうか。だからわたしには、「問いを立てる」時代がしばらく続くのではないか、という予感がするのです。「協同」を問い直すことにつながります。

わたしたちは今、どこに向かって何をすべきなのでしょう。大きな力に引きずられ、主体性と当事者性を放棄することは少なくとも避けたいと思いますが、「あきらめ」と「お任せ」に安住してきたツケは重そうです。だからこそ、問いを立て、「主体性」と「協同性」を大切に育もうとする協同労働の探求は多くの問いを包含しています。ただし、硬直した「あきらめない」「任せない」は、同調圧力によって画一的で排他的な主体を生み出す危険も見ておかなければいけません。

協同労働の探求は原野を開墾するようでもありました。掘って耕し植えて枯れて、ときどき実がなり花が咲く……。何度も繰り返すうち、「そもそも」を思考するクセが身についていました。いつしかそれは、自分を掘り耕している感覚に変わってきています。また、常識を疑い、自らの身体感覚から問い直す、というクセも定着していました。そう自覚してから、「探求」という言葉を意識的に使うようになりました。考えていること、感じていること、実践していること、そのどれもがきっと「完成」などなく、出来上がったと思ったとたんに壊れていく、そしてまた編み直すという連続性の中でもがいている。そう自覚することで、実践的な問いの中から希望を見出すことに楽しみやよろこびを感じてきたのかもしれません。世の中は知らないことだらけだからおもしろい、ということです。その意味で、「協同労働」は「働くを楽しく哲学する」と言えそうです。「人間のおもしろ味を考える」という深い問いなのです。

本書にまとめられた対話は、可能性としての「労働者協同組合」や「協同労働」をめぐって展開されました。歩んできた歴史を振り返ってみると、無謀ともいえる非常識への挑戦にあえて向かっていったように思います。そして、対話を通して、見果てぬ未来像がぼんやりとしたプロセスとともに浮かび上がってくる感覚を味わいました。それはわたしだけの願望にすぎませんが、協同労働を志向するみなさんや、本書の読者の方々にも、多様な「自分らしい働き」を探求するプロセスを楽しんでほしい、その中で起こる失敗もまたおもしろいと思える感覚を得てほしいと願っています。また、そんな関係性をまわりに広げてほしいと思います。そんな「わたしの働き」の探求が、きっと「わたしたち」と言い合える関係を多様に広げていくでしょう。こうした関係で社会を編み直すことができれば、みんなが自分事として、この社会の当事者として、多くの人々を寛容にし、生きづらさを小さくしていく道を拓いていくような気がします。

本書の出版にあたって、季刊『コトノネ』編集長の里見喜久夫さんには、企画立案から完成まで多大な叱咤激励をいただき、つかず離れずの絶妙の距離感で伴走していただきました。わたしたちの現状への辛口コメントもたくさんいただきましたが、そのどれもが本質を突く、笑顔にあふれた痛い言葉でした。また、編集者の小幡崇さん、校正者の髙橋美樹さんにもお世話になりました。そして、対談の内容を原稿化する際には、一般社団法人協同総合研究所の利根川德さん、岩城由紀子さん、荒井絵理菜さんにもご協力いただきました。その他、たくさんの方々に本書出版にあたってさまざまなご支援とご助言をいただきました。改めて感謝申し上げます。

そして何よりも、本書発行が可能となったのは、未開の労働者協同組合、協同労働への挑戦を、文字通り命をかけて取り組んでこられた先人たちの実践があったからです。そして今なお、この挑戦を引き継ぎ探求し続ける仲間の存在があったからです。そのすべてに心から感謝します。

わたしからはじまる
わたしたちを育む働き方

つながり、編み出す、協同労働の生きる力

著者
古村伸宏
小野りりあん　斎藤幸平　伊藤亜紗　藤原辰史　広井良典

発行協力
日本労働者協同組合連合会
(一社)協同総合研究所
ワーカーズコープ・センター事業団

2024年12月4日 第一刷発行

発行者　里見喜久夫

発行所　株式会社コトノネ生活
〒153-0051 東京都目黒区上目黒2-9-35中目黒GS第2ビル4F
TEL：03-5794-0505　MAIL：uketsuke@kotonone.jp
http://kotonone.jp/

印刷・製本　情報印刷株式会社

装幀　小俣裕人

Printed in Japan　ISBN：978-4-907140-54-0 C0030